愛從接納自己開始

——發現愛，深入關係，到與萬物合一的旅程

巴觀（Sri Bhagavan）——著
傅國倫——編譯

推薦序一

沒有任何問題的發生，只有受苦與否的存在

王慶玲／身心靈輔導工作者暨兩性專欄作家

有人說，我們活在一個最富饒的時代，卻也是心靈最受苦的時代。小至個人的關係與生活、工作與金錢，大至社會國家與世界的所有現象，都能夠牽動我們每一刻的心靈品質。

每個人都在找尋一個能帶來身心平衡的幸福人生，於是，每個追求的背後都有著深層的追求與期待，伴隨著不曾中斷過的恐懼，纏繞著所有面向的自我。

仍記得二〇〇八年一度想要尋短，那一年是我人生、事業、家庭最高峰的時

刻，而我卻非常痛苦於一切關係。帶著一顆崩壞的心和「死馬當活馬醫」的最後心情，我與先生踏上了合一之旅，並前後五次在印度合一大學裡深度的療癒和提升自己，同時也書寫三本以合一教導為基礎的關係療癒系列書籍。

因此，收到國倫這本《愛，從接納自己開始》，我非常的欣喜與感動，每個字句間充滿著印度合一大學的生命真理，更甚的說，我又被帶回到印度最神聖的醒悟過程之中。每讀一篇章，更加深的意識到生命最奧祕的仍是經驗的本身，而我們都是最奧祕的經驗者，也是沒有任何需要被「換掉」的完整體驗者。

誠如書名：愛，從接納自己開始！這也是我在廣播與雜誌專欄中，最有共鳴與分享的觀點：如實的成為自己，如實的經驗每個自己，愛與喜悅是自動發生的轉化過程。

很榮幸能成為合一生命教導的管道，更榮幸能推薦這本精準細膩又容易閱讀的靈性之書，並合十感恩生命每一刻的美好！

推薦序二

先愛自己，才更有能量去愛別人

夏韻芬／電視、廣播節目主持人

也許因為是長女、長媳，又或者打小就是班長，出社會就是組長、總編輯、主持人，我很早就學會要愛家人、朋友、同學、同事。我學習愛，也學習承擔，從不覺得累。我的腦袋清楚的告訴自己：無論是為了工作或家庭，我都不能倒下去！父親突然生病、母親面對癌症的威脅、公公去世，我都要含著眼淚撐住悲戚的身軀，認為只有我才能夠處理這一切。回想起自己第一次的去職，不捨痛哭，因我認為自己的離職，一定會讓報社關門倒閉。事實上，我這些憂慮並沒有發生！

一場車禍發生，我終於倒下。經歷開刀、住院、復健的長期療程，原本以為復原了，卻沒有想到鋼釘斷裂，我又再度陷入無助的深淵中，所有的苦痛都必須重來一次。我怨天尤人、哭喊老天沒眼，然而長達兩年的休養，讓我見證到，我過去根本沒有好好愛自己，以至於愛人的能量也是短暫且氣虛，容易變換。在等待身體復原的階段，我的心靈也修復了。

我發現，太多現代人跟我一樣，就算人生經歷豐富，但還沒有學會愛自己。本書一開始，映入眼裡的那幾句話：「當你看見自己，你就會接納自己；當你接納自己時，你就會愛自己；當你愛自己，你就會愛別人……」我現在才知道，以前以為自己很博愛，事實上很虛幻。現在的我，更有能量愛別人，因為，我學會了愛自己！期待您也早日有這樣的體認。

推薦序三

踏上愛的靈性之旅

楊克平／美國密西根大學哲學博士

我們的一生，打從出生開始，就在學習愛。學習如何接受愛，如何給予愛。沒有愛，生命根本不存在，我們也無法存活。巴觀，我摯愛的生命導師，透過他的諄諄教誨，讓我們見到愛的本質、見到我們與自己的關係。「生命就是關係」，所有的關係都源自與本身的關係，「愛」亦源自於愛自己。愛既不神祕，亦不難懂；祂就是你、是我、是整個宇宙，祂就是接受。感謝國倫的悉心整理。翻開這本書，準備好踏上這令人讚歎的、愛的靈性之旅吧！

推薦序四

從療癒到覺醒之路的旅程

顏德松／中華民國國際宇宙能健康協會理事長

從年輕時，生命是一場療癒傷痛的過程，生命是不斷面對過去傷痛的恐懼，不斷寬恕放下，不斷淨化釋放內在的傷痛，尋求內在的寧靜與和平。於是，我參加了十多年大大小小的心理療癒工作坊。直到七年前，有機緣去了幾趟印度合一大學，才了解到內在表意識和潛意識的合一，內在身心靈的合一，可以透過宇宙能量合一祝福（Deeksha）的傳遞，以及內在覺醒的發生而輕易達成。當你覺醒時，你可以自由自在的活在當下，你可以如實如是經驗生活的每個片段，你可以不受思想或頭腦控制的生活著，你可以無條件的愛，感受無條件的喜悅；也可以在喜悅中與自己和每一個人連結，更可以與大自然和神全然的合一。

巴觀說：「生命就是關係。」當你改善你和父母的關係時，你與自己的關係、你與伴侶、孩子、親友的關係就會自動改善。「改善」意味著接受他們原來的樣貌，當你全然接受你的父母，就表示你也能全然接受你自己，接受生命中每個人，然後，你就會謙卑的接受大自然、接受神。當你與父母的關係改善了，恩典自會透過他們流向你，所有的事情也會跟著改善；你的生命中，變成只有愛，只有喜悅，只有恩典和祝福……

巴觀不僅是一位推動人類覺醒的偉大開悟導師，同時也是一位很有見地的心理學大師。這本書從心理學的角度、從覺醒的角度，很詳實記載印度靈性大師巴觀的教導和印度合一運動的精神。這是一本給去過印度合一大學的學生，不可多得的參考書；也是給沒有去過合一大學，有心改變自己，追求內在和平喜悅的求道者；或是尋求身心靈合一，不再受苦於混亂關係，不再受苦於內在創傷的一般讀者。這是一本很重要的書，能夠幫助你改變並提升你的意識。

編譯傅國倫是我多年來在印度合一大學，一起學習成長的同學。多年來，我一直看到他對印度合一教導的執著和熱情，也看到他的成長與成果。這本書翻譯的精準，源自於國倫兄對巴觀教導的深刻理解。在此，我給予這本書以及巴觀對推動人類覺醒的願景最大的祝福。

編譯序

當內在的衝突消失了，你才能創造愛與喜悅的關係

在我們每天的日常生活中，幾乎無時無刻不在與人接觸，從家人、同事、朋友，到司機、廚師和各行各業的服務人員。藉由許許多多人的幫助，我們才可以過著順利、舒適的生活。我們生活在一個群居的社會中，人與人之間關係的品質很大程度決定了生活經驗的水準，因此與人們擁有良好的關係顯得非常重要。

一旦關係卡住了，我們在人生的旅途上就會感到孤單。在快樂的時刻，沒有人可以一起分享喜悅；在艱困的時刻，也沒有人相伴，共同走過人生的低谷。在工作中，常常覺得孤立無援，無法成就更大的事情；我們需要集結許多人的不同

專長，才可以創造出美好的成果。

當我們想改善關係時，會試著對別人說好話，做出友好的行為，表達善意。但我們對待別人的方式，實際上是反映我們對待自己的方式；除非改善與自己的關係，才可能與別人建立起真正良好的關係。除非對自己感到自在，才可能在與別人相處時感到自在。改善與自己的關係，最重要的，就是去接納自己的一切。

壓抑不是解決負面情緒的方法

每個人或多或少都有一些對自己感到不滿意的部分，可能是外表、能力、財富、地位、經歷或背景等，每當我們一想到這些不喜歡的部分時，就會覺得極不舒服，於是盡可能的想去避免這種不舒服的感覺。

我們努力打扮自己，增強能力，獲得更傑出的表現。有時，覺得自己成功了，別人開始用迥然不同的態度對待我們，讓我們也覺得自己變得不太一樣了。但在某個時刻，又經歷了失敗，因為人不可能永遠維持完美的表現。我們發現自己內在的那種痛苦又浮現了，原來它一直都在我們的內在。痛苦一直在內在啃噬我們，侵蝕我們。每當外在的情況不盡完美時，內在的傷痛就會再次浮現。我們似乎始終逃不出內在痛苦的魔爪。

化解內在的傷痛，用正面方式滿足自我

接納自己，是去看見與面對我們內在那些不舒服的情緒，它可能是恐懼、羞愧、傷痛、孤獨。我們多多少少都意識到自己內在這些醜陋的部分。因為害怕別人看見我們醜陋、難堪的真實樣貌，以至於害怕與人親近，害怕有太親密的關係。我們對內在那種不舒服的感覺，感到不知所措，不曉得該如何處理。

這些負面的情緒，是在我們的生命過程中，不斷累積形成的。每一次，我們被別人批評、嘲笑時，由於不喜歡這種不舒服的感覺，於是去壓抑感覺到的傷痛、恐懼或羞辱。但這些負面情緒並沒有因為刻意的壓抑與忽略而消失了，相反的，在我們的內在不斷累積。於是，你發現隨著年歲漸增，內在所背負的痛苦也越來越沉重了。由於你對負面情緒的壓抑，你其實一直在麻痺自己的感覺，漸漸的，你也喪失了敏感度，不再能感受到單純的喜悅，也完全看不見世界的美。

接納自己，就是去擁抱自己內在的黑暗面，面對自己內在各種不舒服的感覺，面對自己的負面情緒。當你去看見自己內在的傷痛時，一開始，你會覺得非常痛苦，很想再次逃開；但如果可以試著與這種不舒服的感覺待在一起，它就會逐漸的化解了。每一次你經驗自己內在的痛苦，它就會一點一滴的消失。直到不再害怕看見自己的負面情緒，越來越能夠面對它、覺知它、經驗它，與它待在一起時，這些負面情緒就會逐漸離開，不再困擾我們。

內在的傷痛逐漸消失後，你會發現對自己感到越來越自在；因為你再也沒有什麼需要去隱藏的了，也沒有什麼需要去閃躲的了，你就能自在的做自己。當可以自在的和別人相處時，你很容易就可以與人們有連結，和他們建立良好的關係。

你的每一份關係都會自然的獲得改善。並不是因為你刻意去做什麼來改善關係，而是你的喜悅擴散開來，使得原本關係中存在的問題，不再是問題了。許多關係發生問題，都是由於對彼此的批評，造成了關係之間的傷痛。當我們接納自己時，自然就可以接納別人。對人有更多的寬容，能欣賞他們的獨特性，不再去批評別人。如果你細心觀察，會發現你批評別人的地方，總是來自於你對自己的批判之處，也就是還沒有接納自己的部分。別人的特質或行為，一再喚起了你內在的某些恐懼或傷痛。因為你內在那些不舒服的感覺，導致你轉而想去批評別人，這舉動也造成了別人的傷痛，更破壞了彼此之間的關係。

用正面方式滿足自我

接納自己的另一個部分是：人都有許多的渴望，希望可以得到所想要的一切事物。我們總是為自己著想，希望美好的事情都可以發生在自己身上。有時我們很快樂的去滿足自己，但「自私自利」的負面評價卻忽然閃過腦際，於是又開始批判自己，覺得這麼做實在太自私了，便不斷壓抑自己的渴望。

但是如果我們能接納自己的渴望，並用健康的方式去滿足這些渴望；當渴望得到滿足時，渴望就消失了。奇妙的是，我們很自然的就會開始想去幫助別人，對人類、對世界會有更多的關懷。

有時候，我們會用負面的方式去滿足自我、表達自我。這是因為我們內在有一些傷痛；傷痛使我們用破壞性的方式去滿足自我，並造成自己與別人的傷害。

面對與經驗內在的傷痛，將傷痛化解後，自然就可以用正面的方式來滿足自我。

用力改變只會耗盡能量

透過接納自己，我們並不會如許多人擔心的就是停留在「原本的狀態」。當接納自己時，內在的衝突就消失了，我們變得喜悅。隨著喜悅，愛就在內在綻放了，智慧就在內在綻放了。只有當自己有了愛和喜悅時，才能與別人分享。

越是努力去改變自己、批判自己，只是在自己內在製造更多的衝突，使自己卡在「原本的狀態」中。因為內在的衝突不斷，於是耗盡了能量，而使我們變成痛苦、不快樂的人。

巴觀說：「快樂的人創造快樂的世界，不快樂的人造成別人的痛苦。」

當你接納自己，你內在的衝突就消失了！會對自己感到很自在，也會自然的接納身邊的每一個人，和別人的關係也跟著改善。當你在家庭和工作場所中都擁有更和諧美好的關係時，你的生命也會更加滿足、具有意義。

目錄

Contents

與巴觀同在的夜晚

第二章 家庭是愛的基石

與巴觀同在的夜晚

第三章 自我造成衝突

與巴觀同在的夜晚

第四章 與萬物合一

與巴觀同在的夜晚

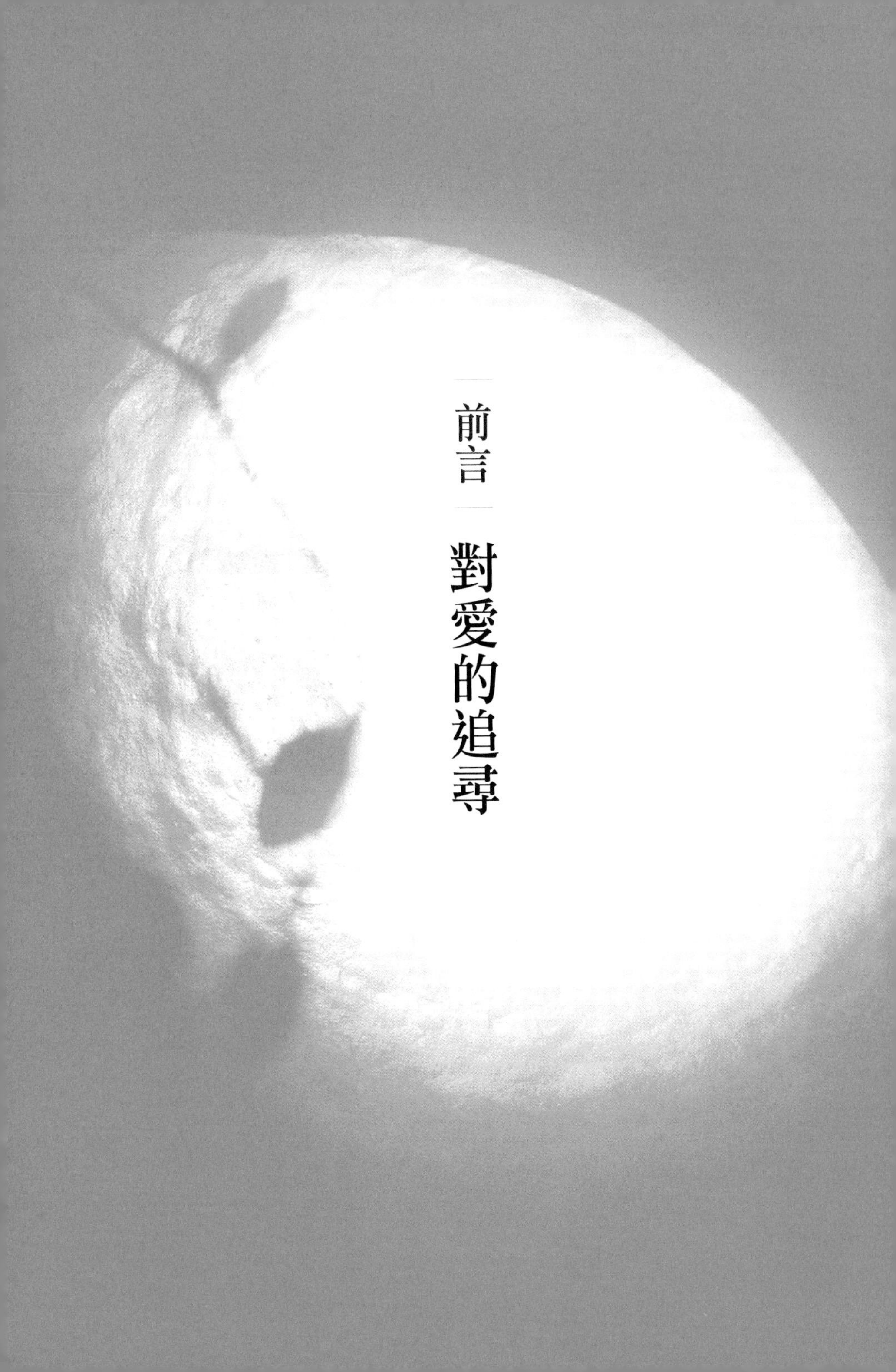

前言 對愛的追尋

在關係中有兩種主要的需求，也就是「愛」與「被愛」的需求。我們在生命中所做的一切，所有的成就、地位都是在追求這兩種需求。

會無條件愛你的人在哪裡？

讓我們先來看看第二種需求──「被愛」的需求。看進你的心，從你意識到自己的那天開始，你就在尋找會無條件愛你的人。無論你是或不是什麼、漂亮與否、聰明或愚笨，你都在尋找會熱情的愛你，而且只愛你的人。

小時候，你從父母親或養育你的人尋求這份愛。你希望從生命一開始，就是被父母全然與熱情的愛著，希望他們在這世界上最愛的就是你。你很快樂的相信這一點。在你流了口水、對著餐桌打嗝、吐出食物時，每個人都笑著說，你是多麼可愛啊！有天晚餐時，你看到父母親更注意年幼的弟弟，一個憂傷的念頭閃過腦際：「他們不是我獨有的了，也許爸爸媽媽更愛弟弟。」於是，你再次發出笑聲、打嗝、將果凍吐到地板上，試探著。這次，母親卻告訴你要長大了，她厭倦清理你的爛攤子。但你的弟弟這時打嗝，打翻了豌豆，每個人都依然拍手和大笑。你對愛的追求，痛苦的失敗了。你瞭解到要父母只愛你一個人是不可能的，於是你到其他地方尋找愛。

你到學校中，尋找愛你、而且只會全然愛你的朋友。你找到了她，她是你最好的朋友。但有一天，你看到她擁抱著自己的妹妹，她們丟下你，兩人一起去看電影。你再一次看到追尋失敗了。於是你轉向老師，成為他最優秀的學生；直到有一天你得了丙，老師狠狠的罵了你，對愛的追求又再次走進死胡同。後來，你遇到了生命伴侶，你對自己說：「是的，他會熱情的愛著我，至死方休。」有一段時間，你在那份愛裡很安全；直到你們結婚了，在家庭紛爭中，他卻站在自己母親那一邊；而且他越來越喜歡待在辦公室，而不是在家裡。

你生一個孩子。「啊！」你心想：「我會以愛灌溉他，然後他就會完全的愛我，而且只愛我一個人。」你快樂了一段時間。但當你抱起嬰兒時，他放聲大哭，而且顯然更喜歡被你丈夫、你妹妹、雜貨店的陌生人，或幾乎其他任何人抱著，但就是不喜歡被你抱。所以你又生了另一個孩子，這次一切都很好；直到他八歲了，不再喜歡父母的陪伴。後來，你的孫子誕生了，有一天他也不再肯花時間與你在一起。也許你開始養寵物，繼續追尋愛。不斷的追求那個愛你，而且只愛你的人。

全然去愛與被愛的這種需求，不斷的驅使你。然而不知怎麼的，你從來沒有遇到全然愛你的人。有一、兩個時刻你彷彿經驗到了，但當你想永遠保有這份愛時，心卻又破碎了，愛就這樣悄然的滑過指間，消失了。我們永遠無法從別人經驗到全然的愛。

失去的恐懼，讓你不斷乞討愛

看一看你生活中所有的渴望，想變得更漂亮、更聰明、更強壯的渴望，想變成最好、最完美的渴望，想要成為有愛心、善良、能服務人群的渴望，想把事情做得盡善盡美的渴望，或是想成為富翁、有錢捐助別人的渴望……如果你看得非常深，會發現，這些渴望基本上都是一種想要被愛的渴望。「**如果你成為你所**

渴望的這些特質，你就會被愛」的信念利用了你，使你處在「真實的樣子」與「想成為的樣子」的不斷衝突之中。

看看你今天剛買的那件美麗衣裳，你多麼小心翼翼的裝扮，梳理你的頭髮。這行為背後的想法是什麼？你是不是覺得如果你更漂亮一些，就會得到更多的愛？你為什麼去上那些心靈課程，收集一張張靈修證書？你是不是覺得如果你成為更好的人，你就會得到更多的愛？當超市收銀員請你捐款給一個你不曾特別關注的慈善團體，而你也真的沒有閒錢，卻還是點頭說「好」時，這是出於慈悲？還是認為收銀員和排在你後面的人，會因你的善行而給你一個愛與尊重的眼光？

就是去看見這些。

奇怪的是，雖然我們一直是在追求與渴望愛之中；如果你真的看進你的生命，可能會發現你從來沒有全然被愛的經驗。在這世界上，沒有人可以說他們被另一個人無條件的愛著；因為，**在你內心深處有股空虛，拒絕相信你是被愛的。**

即使當你真的被愛時，那股空虛感，那種對失去愛的極度恐懼，使你仍舊保持在

乞討愛的狀態。

你需要不斷的感覺被愛，因此你往往在關係中懷著占有慾。當愛是占有時，就會恐懼喪失愛。你破壞了自己與其他人的自由；控制或占有別人，就像把別人視為一件物品，這導致了彼此的痛苦。你經常為了所謂的「真愛」而去測試親近的人，最後只感到不滿與憤怒。真相是：你不愛自己，關係是愛自己的手段，你試圖透過關係來滿足自己。

愛只能透過接納自己發現

巴觀說：「**良好的關係從自己開始，而不是從別人開始。**」一切的愛都只能從愛自己開始。瞭解到你只能對別人做你對自己做的事情。沉思其中之道，就會明白你與自己連結的方式，正是你與別人連結的方式。如果你譴責、批判自己的每個思想、話語與行動，必然也會對別人做出相同的事情。如果你被自己的缺點所困擾，也會因為人們的缺點而折磨他們。

要有良好的關係，非常重要的是：一個人，必須先接納自己；接納自己的身體、童年、過往、能力，以及所有的情緒和人格面向。除非你能夠接納自己，否則你無法接納別人。除非你能夠愛自己，否則你無法愛別人。一旦你可以與自己和平共處，你幾乎在所有的關係中都能找到平靜。當你可以看見自己，接納自己真實的樣子，愛自己真實的樣子時；很自然的，別人就會看見你真實的樣子，接納你真實的樣子，愛你真實的樣子。

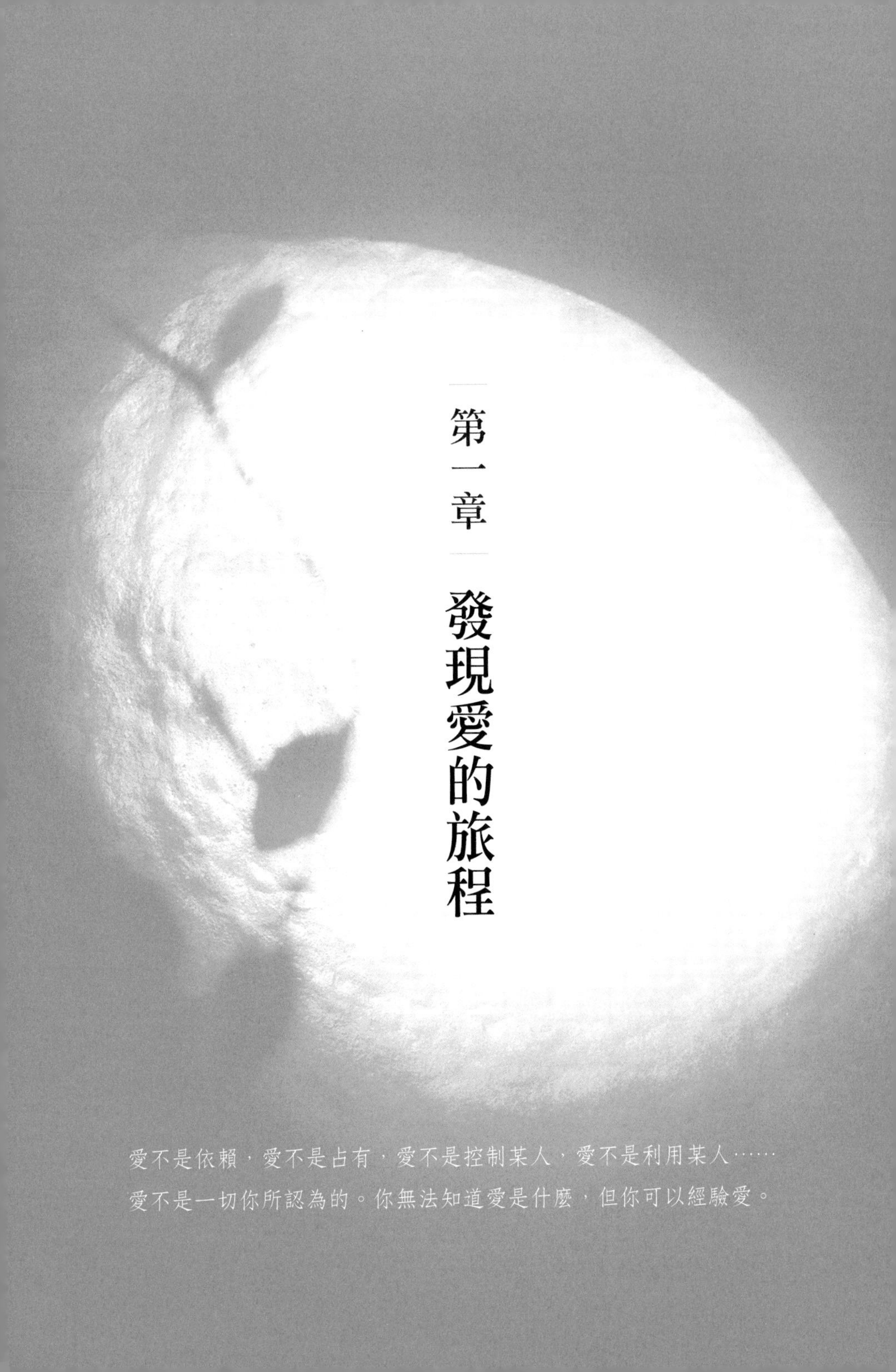

第一章 發現愛的旅程

愛不是依賴，愛不是占有，愛不是控制某人，愛不是利用某人⋯⋯
愛不是一切你所認為的。你無法知道愛是什麼，但你可以經驗愛。

巴觀說：「生命就是關係。」這意味著，正是「關係」賦予了我們每個人存在的意義與目的。你可以有錢、有名，你可以是聰明與慷慨的，但沒有了關係，你生命中就會有缺少了什麼的感覺；無論你擁有什麼，你都會感到很貧乏。

良好的關係不僅是相處，而是沒有恐懼與罪惡感的連結。在沒有這些負面連結的關係中，你可以如你所是的做自己，也能讓別人可以完全的做他自己，如實的接納對方，讓彼此有做自己的自由。

當我們在關係中發現更深的連結與合一時，生命就會成為更令人滿足的經驗。

清楚覺知到你缺乏愛

在我們的每一段關係中，都有一種奇怪的不安，有時是罪惡感，那是因為在內心深處我們都知道自己是自私的，知道我們為了自己的空虛與需求，而利用了別人。

一位朋友在週末打電話給你，「你在做什麼？」他問道。你告訴他正將一台鋼琴搬上五樓。「我可以過去嗎？我會幫忙。」他說。他很孤單，所以寧願在七月中旬的大熱天裡，把一台沉重的鋼琴搬上五樓，而不是獨自一個人。你說：「當然！很高興看到你。」默默的鬆了一口氣，因為你可以利用他，幫你搬鋼琴。

看看你的生活。你為什麼像個僕人一般的服侍你家人？忙著做飯、清理、接送，而且一直保持微笑。你為什麼加班？買漂亮的東西送給妻子。這是真實的嗎？

母親不斷鼓勵孩子成為偉大的人，她透過孩子而生活，希望透過孩子經驗到在自己的生命中沒有經驗到的部分。父親唆使孩子在運動上有傑出表現。老師希望學生成為最優秀的。**在內心深處，我們都知道我們在利用別人的生命，滿足自己的需求**。母親沒有在自己的生活中實現的願望，她希望孩子能為她實現。我們希望我們的孩子帶給我們榮耀。在內心深處，我們都知道這一點，即使我們拒絕接受這點。我們知道自己在關係中是自私的，也知道儘管別人多麼美好，我們都無法全然、徹底、完全的愛著那個人。這些關係或看似無條件的愛，其實往往因為一項過失、一句話語、一個動作、一次怠惰，就立即變調了。每個人都謹慎行事，使關係成了一場費心經營的表演。

我們內心深處有個疑問：「為什麼我不能全然的愛著這個人？原因是什麼？即使我那麼努力，為什麼我還是不能融入別人？」你納悶道：「為什麼一段時間之後，我的每段關係都會變得煩悶？為什麼我開始視別人為理所當然？」

這份對愛的需求，根深柢固持續的存在於內心之中。儘管有伴侶、孩子、孫子，在一起經歷了十年、二十年、三十年……有些人還養過三隻狗、五隻貓，這股匱乏仍然存在。因為這份愛還是沒有被完成，心中的空虛依然存在。

問自己以下的問題：我可以對此做些什麼嗎？對於這缺乏愛的內在情況，你可以對它做些什麼？如果你決定透過努力來愛，這可能嗎？你能將愛裝入你的心，再發自內心去愛嗎？如果你決定今天要開始實踐愛、假裝有愛，直到成為那樣，這有可能嗎？**「實踐愛」是一個死的東西，就像「實踐美德」一樣，是**

個恐怖的表演，它來自於頭腦、產生於思想，而不是源自於你內心的情感。政策性的實踐寬恕，理念性的實踐和平，有教養的實踐愛，這些都是沒有生命的、無用的。而且如果練習的時間過長，你可能會變得高度改造過了。你會覺得自己是覺醒的或靈性進化的，因為你不再感到憤怒、憎恨、嫉妒等負面情緒。但事實是，在高度改造的狀態中，你幾乎什麼都感覺不到，你變得像行屍走肉似的，麻木不仁。你為什麼要削減情緒的經驗？情緒是活生生的。

巴觀說：「我們所說的愛是無法被形容的，它必須被經驗，談它是沒有用的，因為你所知道的一切都是有條件的，而我所說的愛是完全沒有條件、沒有理由、沒有原因的，愛就是存在。**當你發現愛時，你也會發現連結**，你感覺與父母、兄弟、姊妹、朋友，以及世界上的每一個人都有連結。現在你並沒有這種連結，這就是為什麼我說『每個人都是孤兒』。」

清楚覺知到你生命中缺乏愛，覺知到你現在的狀態，這對於發現愛，是至關重要的。你看見它，與它在一起，不要離開它，與現在這種缺乏愛的痛苦狀態在一起。最重要的課題，是愛的課題。當你發現愛時，愛才會鬆開你。除非你通過了這項測驗，否則你無法前進。沒有發現愛的生命，會變得像一灘泥濘；發現愛的生命，就會變成一股流，這是無始的開始，也是無終的結束。

傷痛毀壞關係

你經驗到的快樂，與你關係的狀態成正比；你的關係越好，你就會越快樂。快樂的人散播快樂，不快樂的人只會造成別人的傷害，往往為家庭和整個社會帶來麻煩。關係中所有的問題，基本上都可以追溯到傷痛。你不是傷害別人，就是被別人傷害。

有人曾經告訴印度合一大學的指導老師：「起先我們夫妻的關係是『我說，他聽』；之後是『他說，我聽』；現在則是『我們倆說，鄰居聽』。」這似乎是大多數關係的共通現象。有的人說：「我和另一半是靈魂伴侶。」在追求伴侶時，他感覺與伴侶有神聖的連結；然而在新婚六個月之後，他們的婚姻關係就破裂了。為什麼會發生這種事情？除了與伴侶的關係，會變成如此之外，還有與朋友的關係，或是任何深交的關係，也會改變。為什麼任何關係總會隨著時間惡化？

在許多原因中，最重要的是傷痛的累積，在伴侶關係中尤其是這樣。傷痛是如何開始的？它可能以很無害的方式發生，也許起初只是一點點的意見不和，或輕微的爭吵。你感覺到不舒服，或不被重視。無論那是什麼，你經驗到不安與不和諧的感覺，這是衝突的第一個徵兆。然而，人們不知道如何處理這份不安，於是任它與日俱增。

在第二個階段，頭腦會對事物創造出既定的印象，它傾向於對所有的人事物都建立起印象。頭腦總是需要得到結論，並從中得到確定感。印象，基本上是固定的。你把一個活生生、一直在變化的人放進一只箱子中，並假定這就是他。於是，印象開始起作用，真正的人退到了背景，彼此的關係就產生了距離。人們依然不知道如何處理逐漸增加的距離。

在第三個階段，這些印象變成很強的批判。不可避免的，你的行為、態度、話語中，都流露出批判。之後，你就會開始質疑對方的意圖。一旦到了意圖的層次，要療癒關係就會變得非常困難。如果僅是行為的問題，處理起來還算容易。但一旦質疑起對方的意圖，傷痛就非常深了。人們還是不知道該如何處理這樣的情況。

在下一個階段，你們不是分開了，就是對彼此漠不關心。冷漠是關係中最糟糕的情況。你築起一道石牆，把自己隔開，保持沉默，漠視你經驗到的任何痛苦感覺。因為你是如此害怕對方，很害怕對方造成你的痛苦，所以選擇忽視對方。

現在可以說，這段關係實際上已經結束了。有些人，在他們進入的許多段關係中不斷重演這種模式，每六個月、每一年、每三年就重演一次。看起來似乎是你一直沒有遇到對的或適合你類型的人，於是你重新出發去尋找新的伴侶。雖然有的伴侶可能真的有問題，但大多數的情況，不過是因為人們不知道該如何處理自己的傷痛、情緒、恐懼和抗拒。除非你處理了這些情緒，學會處理的技巧，否則很難擁有長久與滋養的關係。

全然經驗傷痛，傷痛就會化解

當你感到受傷時，該如何處理內在的傷痛？例如，某個人傷害了你，造成你的痛苦，因為他批評錯不在你的事情、指責你並沒有做的事情，或不感激你的貢獻，也許是不愛你或不重視你。你該如何處理這些傷痛？化解這些痛苦？你能對痛苦做什麼？我們總是試圖管理痛苦，為痛苦辯解，將它合理化。

你嘗試管理痛苦，將它堆到地毯底下，但你並沒有因此免於痛苦，你只是在管理痛苦。當你又看到讓你聯想起曾造成你痛苦的人時，整齣劇情就會再次重演，你就會再做一次和當初相同的事情，任何讓你可以逃避這份痛苦的事情，例如吃東西、聊天、靜心、工作、跑步等等。這就是當我們感覺到痛苦時，所做的事情。無論做什麼事來逃避痛苦，傷痛仍然存在，它會不斷的發展，並且在一天後、一星期後或一個月後，再次浮現。當你正輕鬆的度假，吃著冰淇淋時，痛苦又不期然的再次浮現。

當傷痛消失，不再有恐懼時，人們才可以與彼此有很好的連結。

該怎麼處理痛苦？你有幾個選擇：

1. 管理痛苦。
2. 逃避痛苦。
3. 面對痛苦，與痛苦待在一起，全然的經驗痛苦，接納它，擁抱它。

管理痛苦或逃避痛苦，並不是解決痛苦之道。當你面對痛苦，全然的經驗傷痛時，它可能會讓人不舒服一段時間，但之後你就會發現自由了，因為傷痛移動，轉化了。

下一次你感覺到傷痛，在指責別人或經驗傷痛之間猶疑不定時，試著將注意力放在傷痛上，不要忽視它，也絕對不要延遲，就在當下行動。請記住，每次當傷痛浮現時，都是一個讓你去清理傷痛的機會。把握機會，在那一刻與傷痛接觸，不要延遲。你可以嘗試使用一幅影像，利如一面網子，抓住傷痛，圍繞它，感覺它，看著它，擁抱它。

如果當傷痛浮現時，你沒有在那一刻抓住機會，它可能就會再次深深的沉入內在，停留於內在很長一段時間，而且有可能不會再浮現，但依然在無意識中影響著你的生活。

當傷痛來臨時，將注意力放在傷痛上，首先覺知到它是什麼：傷痛、恐懼、罪惡感或羞恥，然後全然的接納傷痛，感覺它，最後傷痛就會消失，轉化為喜悅與自由。

就像你突然看到一條蛇在你面前，你嚇壞了，但當你往前一步，更近的再看一次時，發現它不過是一條繩子。恐懼，要過多久才會消失？其實，在你看見的那一刻，恐懼就消失了。

相信你確實能從傷痛中解脫，可以支持轉化。

有次在合一的課程中，有名學員突然大喊：「成功了！成功了！」每個人都很好奇，他在叫什麼？

他向大家解釋，在此之前，當痛苦的時候，他總是需要證明別人是錯的。這是他處理問題的方式，總是在支配別人，去證明別人是錯的。他是一位非常成功的人士。有一天，他溫柔純真的家人，非常出乎意料的造成他的痛苦，傷害他很深。他非常震驚，他很容易就可以用過去支配家人的方式來反應，但他並沒有，這次當他受傷的時候，從合一的課程中學會與痛苦待在一起。

在看著痛苦，擁抱它時，他看見痛苦就消失了百分之八十，直到突然有場董事會會議要出席（他在辦公室），當他回來再次擁抱痛苦，以清除其餘的百分之二十時，他自發性的經歷了一陣喜悅。現在他不再害怕痛苦或受到傷害了，因為他可以像是一隻母雞，坐在蛋上面，直到蛋孵化。

這是信任，一旦你擁有了這美麗的、神聖的經驗，你就不會再退回去了。而**能從經驗痛苦，產生信任，並發現喜悅。有了這層新的信任，你就不會再害怕痛苦了**。

生命不斷的帶給你痛苦，除非你知道如何處理痛苦，否則你的內在會變得僵硬、死亡。當內在死亡時，所有的疾病就產生了，所有的痛苦都是從內在開始的，所有外在的問題也是從內在開始的。

巴觀說：「無論發生了什麼，假如你能夠全然去經驗，你就會發現無限的喜悅。有這麼多的喜悅時會發生什麼？喜悅不會停在那裡，喜悅會轉化為愛。只有快樂與喜悅的人，能真正去愛；不快樂的人無法去愛，那樣的愛只不過是依賴、占有。**真愛，只能源自於真實的喜悅**。唯有當你經驗內在所發生的一切時，真正的喜悅才會來臨。這並不會很困難。」

所有的挑戰和危機都是信任的機會。你看到挑戰，做出努力去回應它，最後超越它，綻放就發生了。

接受別人的獨特性

我們一直都想改變別人，試著讓別人符合我們的概念。即使我們成功改變了一個人，生命中還有許許多多的其他人，需要我們去改變，因此，這是個徒勞的努力。

我們永遠無法藉由相互瞭解來穩固一段關係。這是一個很大的迷思！我們永遠無法真正的瞭解別人，因為我們甚至無法完全的瞭解自己。我們不瞭解自己為什麼以這樣的方式行動。全然瞭解，這是不可能的。

首先你必須瞭解你是什麼，許多因素決定了你是怎麼樣的人：例如，受孕時父母的意圖，誕生的時刻與地點，在母親子宮內的經驗，你進入世界的那一刻所聽到、看到與感覺到的，你身體的體質，幼兒期的經驗，宗教、政治與社會的制約，以及所受到的教養。甚至你與父母看過的電影與書籍，以及學校、老師、朋友、前世。所有這些因素組合在一起就是你，它們共同創造了你。你的談話、觀點與關係，是所有這些因素的結果。你看待與經驗神、大自然以及宇宙的方式，取決於這些因素。所有這些因素創造出你透過它來經驗生命的濾鏡；就像戴著綠色的濾鏡，綠色成了「你的觀點」，因為你透過它來看生活。

而對你的伴侶而言，隨著他所有的因素，他就像戴著橙色的濾鏡。當你說：「這張桌子應該放在這裡，你看不出來嗎？這麼明顯！」那是因為你是透過綠色的濾鏡在看。而你的伴侶說：「噢，不，它應該放在那裡，你看不出來嗎？桌子顯然應該放在那裡！」對他而言，桌子顯然應該放在那裡，因為他是透過橙色的濾鏡在看。誰對？誰錯？你不斷的感到沮喪和抱怨：「為什麼他看不出來應該放在這裡？這麼簡單。」

你們兩人都以各自的「顯然這樣」來溝通，對你來說「顯然的事情」對他卻永遠不是如此。你必須瞭解與意識到，你與他是不同的，因為你們都受到無數因素的影響。對你而言，看來真實與顯然的，別人看來卻是不同的。我們浪費了許多時間與精力，試圖讓別人看到我們所看到的，努力向別人解釋我們如何瞭解與看待事情，希望獲得他們的同意。既然我們的觀點是透過這些濾鏡，就永遠看不到彼此的現實，那如何瞭解彼此呢？有時，你假裝你能瞭解，「是的，我瞭解你的意思」。但你無法一直都能瞭解別人，只在某些時候可以。

如果我們試圖透過瞭解彼此來改善關係，這方式永遠不會有效。試圖瞭解別人，你只是不斷的傷害自己。當我們被誤解時，我們變得不快樂，別人接收了我們痛苦的感覺，於是又造成我們更加不快樂，成了惡性循環。

要接納別人，首先你必須先接納自己。知道你透過自己的濾鏡在經驗世界，你也知道別人透過他們的濾鏡在經驗世界，沒有誰對誰錯。隨著這份瞭解，你就會接納別人。學習欣賞他的觀點，他就會欣賞你的觀點。

巴觀說：「當你接納與經驗別人真實的樣子，這就是愛的誕生。」當你不再想去改變別人時，關係是美麗的，因為你瞭解了每個人的獨特性。當你讓別人做自己，不試圖使別人符合你認為他應該是什麼樣子的概念時，你就給予別人在關係中做自己的空間。唯有當關係中有自由，允許彼此真正做自己時，喜悅與友誼才會存在。

巴觀身邊的小故事

在巴觀和阿瑪過去共同創辦的吉梵希然（Jeevashram）學校中，有一次聚會時，老師請孩子們分享生活中最難忘的經驗。有個孩子分享了他最美的經驗，就是他真的在內在裡對自己有很好的感覺。他清晰的記得，這是非常獨特的感覺，他覺得自己很好、很自在。

每個人都一直被其他人評價，聽他們說：「你還可以更好。」即使他們不是你的父母。不是你希望評價別人或被別人評價，而是頭腦在評價，這是頭腦的習慣，這習慣就是頭腦。你也在做完全一樣的事情，你知道自己一直在評價別人，你也不太喜歡這樣，但頭腦一直在評價，你也一直被別人評價，這就是人的頭腦。

那孩子說，在巴觀身邊是很不同的，因為巴觀讓每個人都完全的自在，他「所是」的樣子是被愛的。這個孩子對自己的良好感覺，正反映如此。

關係是一面鏡子，反映你內在的傷痛

在我們的整個生命中，我們與許多的關係連結，例如與父母、伴侶、孩子、朋友、同事及其他人的關係。在關係裡，我們全部的情感都會展現出來，無論是正面的或負面的，快樂的或不快樂的情感，關係都會反映出我們的內在，幫助我們覺知到自己。

我們總認為自己在關係中的傷痛是別人造成的，尤其是當你覺得自己受到批判時。你一定遇過激怒你的人；你的傷痛確實在影響你，創造出你所有的情況。如果它已經成為你生命中的模式，如果你覺得有一個傷痛一而再、再而三的出現，那它肯定與其他人無關。無論你喜不喜歡，你的成功與失敗，特別是你的人際關係，都被你的過去所限定。

被我們刻意忽略或壓抑的傷痛，或者我們沒意識到的，但確實在內在影響著我們的傷痛，往往都會在關係中浮現。這就是為什麼關係是認識自己非常有效的工具。巴觀說：「生命是認識自己的探索。」要認識自己，你需要一面鏡子，**關**

係就是你的鏡子。每一段你與別人的關係，都反映了你自己的某個面向，它要不是反映出你真正的樣子，就是反映出你有傷痛的面向，或你所憎恨的面向。

當你與親愛的人、伴侶、子女、父母、朋友或商業夥伴起了爭執時，你真正在對抗的是──你自己的陰影自我，你將它投射在那個人身上。你有沒有注意到人們會批評朋友或工作場所的同事：「我討厭他這麼做，我討厭他做事的方式。」其實，我們真正討厭的是我們無意識陰影自我的那一面，也就是我們內在的創傷；這部分通常是被壓抑的，現在被激發了。每當按下這顆「按鈕」，我們的陰影部分就被刺激了；我們身邊的人反映了這點。通常我們不希望看見它。

你越是忽略創傷，你就越被它耗盡；因為它會一直纏擾著你，讓我們一直被思緒所占據。如果你可以將注意力放在創傷與痛苦上，傾聽它、經驗它，它就會消失了。舉例來說，你現在感到悲傷，覺知到悲傷的存在，接納它，允許自己去經驗那份悲傷。除非悲傷被認出來並且承認它，否則就不會轉化與移動。

巴觀說：「**當你面對自己的陰影自我，接納自己時，你內在的衝突就消失了。當衝突消失時，就會有能量。當有能量時，就會有喜悅。**」消除持續的衝突是一項內在的工作，這是我們每個人都必須不斷在自己內在進行的。

接納自己，你就會發現愛

每個文明、每種文化、每一宗教，都會創造一幅「完美的人」的圖像，我們都不斷的想達到其勾勒的理想畫面。當我們長大時，我們意識到自己內在的這場戰爭，在我們真實的模樣與我們想成為的典範之間，總是衝突不斷。

我們在生命中都有一些價值觀；由於種種原因，我們無法遵循這些價值觀。我們都有幅對自己的影像，創造了一個「理想的我」，並不斷試著使自己的行動與思想符合這些影像。當我們真實的樣子與這些影像不同時，因為無法接納它們，我們就創造出謊言，並開始相信這些謊言是真的。

兩名新結識的商人在完成一筆生意後，決定一起用餐，進一步討論。聊起他們的大學時代，其中一人說：「我在大學時，曾是網球比賽的州冠軍。」另一人剛好是網球愛好者和業餘選手，對於發現另一位網球愛好者感到很興奮。於是決定在體育俱樂部會面，進行一場比賽。

會面是在接下來的一周後。當比賽時，這位說自己曾是州冠軍的商人，漏接了幾個簡單的球。「噢，天啊！我怎麼會失誤？」他驚訝的說道，在宣稱曾是州冠軍後，他顯然對自己的差勁表現感到很難為情。隨著比賽的展開，看到對手揮出一些經典的擊球，他說：「我想我已經將近七年沒打網球了。」比賽繼續，他無法回擊扣球，說道：「如果你沒有持續練習，就會失去比賽的手感，你知道的。我應該由下往上去揮拍回擊那一球。」他帶著尷尬的笑容。在輸了第一場比賽之後，他很不知所措，「奇怪！也許我老了，我的柔軟度變差了！」

儘管事實仍然是他悲慘的輸了，他對於他這個前州冠軍，為什麼那天表現的那麼差勁，建構出了許多的理論和解釋。因為無法面對與接受事實，他藉由掩蓋事實來安撫自己。

今日的人類就是生活在這樣的恐懼中，在每件事中都感到恐懼，尤其是害怕失去長期建立的形象，害怕別人的想法，害怕別人發現關於我們的事情。但每當我們撒了一個謊，我們所害怕的事物就會增強。有沒有想過潛伏在你心中的未知恐懼是什麼？就是這個。

接納自己的第一個步驟，就是面對自己的真實。接納自己，意味著友善的對待你真實的樣子，自在的與你真實的樣子在一起。我們沒有與自己和自己的本性自在的在一起，**我們總是試圖成為什麼，這就是問題所在。**成為你真實的樣子，接納你真實的樣子，就是問題的解決方法。當你接納自己時，會發生什麼呢？當你接納自己是個情緒化、敏感的人時，你就不再是這樣的人了。轉化自然會發生，你不用尋求它的發生，這就是接納的力量，證明你已經接納了自己。

唯有當我們面對自己的另一面時，內在才會自由。當我們知道自己真實的樣子時，內在的衝突就消失了，平靜就會來臨。當你接納了自己沒被接納與壓抑的部分時，負面能量就釋放了，問題就消失了，模式就化解了；於是，外在情況也會變得順利，成功道路上的障礙跟著化解——因為外在世界僅是內在世界的顯化。

你一直感到恐懼，在你所做的每件事情中都有恐懼，害怕失去長期建立的形象。當你第一次可以清楚的看見自己，看見自己所有的醜陋，然後對自己說：「這就是我真實的樣子。」這時，你就免於恐懼了。當你可以接納與擁抱自己真實的樣子，你就從恐懼中解脫了。

當你有機會看見自己的全貌時，看見一切你害怕看見的，去接納一切，甚至骯髒的自己。當機會來臨時，如果你能感覺到你的恐懼，如果你不害怕看見它，如果你願意去看見它、接納它，甚至擁抱它，那就是自由，那將是你生命中第一次沒有恐懼。當你如實的看見自己，不試圖隱藏任何事物時，必定是個偉大的奇蹟。

如果我們沒有愛，試著去愛是沒有意義的。我們不會藉由改變自己而變得完美，我們是藉由覺知與接納自己真實的樣子才變得完美。**愛的誕生，是去看見與接納我們沒有愛的事實，與這事實在一起**。在試著去愛之中，我們摧毀了自己與別人。人類的痛苦不是因為渴求名聲或金錢，真正的痛苦是沒有成為他真實的樣子。如果我們不試著去變成什麼，所有的衝突就消失了，能量就不會浪費，能量會一直保存著。

鼓勵自己看見你真實的樣子，然後當機會來臨時，你就可以無所害怕的誠實看見自己。喜悅，並非如我們想像的，是個要去達成的事物；而是成為我們所是的樣子。當我們是自己真實的樣子時，轉化就會發生，奇妙的平靜就會來臨。

巴觀說：「**接納自己是第一步，也是最後一步。無論你是誰，你都是獨一無二的，宇宙將你創造成這個樣子，神將你創造成這個樣子。**」唯有當我們面對自己真實的樣子時，我們才有可能對自己感到自在。當你內在的衝突消失時，你不僅接納了自己，也接納了別人；你不僅愛自己，也愛你周圍的人。你會發現他們對你的行為也改變了。

巴觀身邊的小故事

巴觀與阿瑪創辦的吉梵希然學校是一所非常特殊的學校，大多數的學校都將焦點放在職業生涯的訓練上，但他們的學校專注於創造一個完整的人類。大部分的學校致力於創造出一名良好的醫師或優秀的工程師，卻有一個問題，就是當他們感到憤怒或恐懼時，他們不知道該怎麼辦；於是他們只能壓抑這些感覺，因為他們不知道該做什麼或如何處理它。這所學校與眾不同的是，它能幫助孩子們學習到這些非常重要的事情，也讓他們學會與人們的連結——這是大多數的人在離開學校時所喪失的。

有個男孩剛入學時，很容易就能交朋友、與人分享。他在學校的形象很好，是一位好學生、好孩子，老師視他為模範生。但當男孩到十四歲時，經歷了從兒童過渡到青少年的階段，這對他而言是非常困難的階段。因為他看見自己的純真消失了，他突然變得很有自我意識，想知道別人是怎麼看他的，別人對他有什麼感覺。他對朋友感到嫉妒，暗地裡希望他們的成績不好，他不斷與別人作比較。小時候，他並不會這麼想。他對自己的形象是一個優秀、慷慨的好學生，但他可以看見內在的自己並不是那樣，他內在充滿了貪婪、批判與淫穢的思想。他看見越多，就越痛苦。

他該說出真相嗎？男孩開始在腦中與自己談判，既然他與外在形象不符，那他該怎麼辦？他要獨自在內在承受衝突，保持沉默，維持好形象？還是告訴大家真實的情形，告訴人們他是什麼樣子？他不知道哪個比較好。擁有美好的形象讓他覺得快樂，但當他不是那樣時，卻必須以那個形象活著，讓他非常痛苦。如果說出來，人們對他的美好形象都將消失，他該這麼做嗎？他非常害怕失去這一切。最後他決定和學校的校長巴觀說，告訴巴觀這是他真實的樣子，他不是大家所認為的那樣。

男孩一次又一次的走向校長辦公室，想說出這一切，但他充滿了恐懼，在到達之前，就放棄了。每次嘗試時，他都認為自己是勇敢的，他都告訴自己這次他就會說出來。他想告訴巴觀，卻做不到，他不斷的拖延。在第四次時，他發現校長辦公室的門是敞開的，巴觀看到了他，問道：「孩子，有什麼事情嗎？」他不能再拖延了。

男孩走進校長辦公室，在改變心意之前，一鼓作氣的告訴巴觀，他多麼嫉妒，多麼自我意識，一直將自己和別人作比較，批判別人，而且思想很淫穢。巴觀靜靜的聽著他說話，彷彿他是告訴巴觀：「我今天早餐吃了煎餅。」巴觀是如此冷靜。男孩原本以為說出這些醜惡的事情，巴觀會很震驚、生氣、不高興。最後，巴觀對他說：「既然你知道自己是什麼樣子，何不到大岩石那邊，大聲唱出『這就是我真實的樣子』？」

這是一座美麗的校園，到處都有許多的岩石與石塊。

於是，男孩就這麼做了。他爬到校園最大的岩石上，大聲的、鉅細靡遺的唱出關於他的醜陋自我的美麗歌曲。男孩記得那是他最後一次內在感到衝突。令人驚訝的是，他的思想並沒有改變，他仍然有同樣的思想，但不知何故，他對這一切感到很自在。巴觀的回應促進了他的轉化，那是他所接受到的祝福。從那之後，他不記得自己內在有任何的衝突了。並不是從那一刻起，一切都改變了！不是所有都立即轉化，或是他的思想變得不同，而是他不再抱怨自己了。巴觀讓他看見了他一直無法看見的，他感到自由與放鬆，內在的這場戰爭因而停止，他現在對自己真實的樣子感到很自在。

在那之後，男孩有了相當美好的體驗。他以前對每個人都有很多抱怨，覺得他們為什麼要那樣說、那麼穿！他一直在抱怨別人。在這次經驗之後，他甚至停止了對別人的抱怨，他開始覺得彷彿自己與每個人都是朋友。他也開始更親近的看著每個人，像是注意他們的耳朵、鼻子、眼睛，彷彿他是第一次看見他們，雖然他已經認識他們許多年了。就在這時，男孩心想，這就是愛嗎？當朋友與他說話時，只是聆聽朋友說話就是如此的美好。他心想：「哇，這一定就是愛。」他擁有了去經驗別人、愛別人、經驗關係的一個新層面的自由，這個轉化是內在的平靜與喜悅的感覺。

接納自己，是看見自己現在所是的樣子，是看見自己所有的醜陋。我們是誰或我們是什麼並不重要，重要的是我們是否知道自己內在的真實，並準備好去面對它；還是我們一直對自己說謊，用合理化掩蓋它。真正的挑戰不是你能否達到你所希望成為的美麗存在、那個聖人般的人，而是你能否就是接納自己現在真實的樣子，並成為那個樣子。甚至沒有必要唱一首歌！這是選擇性的。就是對自己感到自在。如果你能做到這一點，生命將永遠不再相同。

與巴觀同在的夜晚

真愛是什麼？

在瞭解什麼是真愛以前，讓我們先認識現今人類的狀態。今日，基本上大多數的人都是愛的乞討者——你希望別人給予你愛，而你卻不付出愛。**你所認為的愛，實際上是對愛的渴求。**這是為什麼當人們彼此相愛時，實際的情形卻是：「她需要他對她的需要，而他需要她對他的需要。」當然，你也給予愛，然而這是什麼樣的愛？這是有條件的愛。假如你的丈夫對妳照顧得無微不至，妳就會愛他。假如他酗酒或虐待妳，沒有滿足妳的期望，妳還會愛他嗎？不會。假如你的父母對你很好，你就會愛他們。同樣的，假如你的孩子很成功，你就會愛他。

有時我遇見一些孩子的父母，他們的孩子在美國，是軟體工程師，他們對此感到很興奮，認為孩子是優秀的人；然而孩子若是火車站或機場的搬運工人，他們就會瞧不起他。因此，你對自己孩子的愛是什麼？除非兒子很成功，否則父親不會尊重他。同樣的，如果妻子很好、很漂亮，丈夫就會愛她。然而，如果她罹患天花或癌症而變醜了，丈夫就會難堪不安。這樣的愛，發生了什麼？因此這是有條件的愛。

但還有其他人認為他們在愛，例如某些社會福利工作者，他們認為自己是慈悲的，為人們甚至放棄了自己的生命。但他們所不瞭解的是，他們所認為的慈悲與愛是出自於概念、制約與創傷。這些人可以說是自以為是的人。

因此，**當你乞討愛時，這並不是愛，這只是依賴、占有與利用別人。這不是愛，出自於概念與制約的愛並不是愛。**你所知道的愛是有條件的愛，你可以在自己的關係中看見這樣的愛。

然而，**還有一種沒有原因的愛；沒有任何的理由，愛就是存在**——這就是我所談論的愛。你愛妻子，只因為她存在，僅此而已，不是由於她生得美麗、是富翁的女兒、或她關心你，或是出於責任而愛她。這是自發性的，這是沒有原因的愛。實際上這是你的真實本性。愛，並非你要去獲得的事物；你從未獲得任何事物，你只能做自己，這是你真正的本性。你們有些人已經偶爾在生活中經驗到這樣的愛，然而不幸的卻被頭腦接管了。當你發現了這樣的愛，這世界將不再相同。

如何讓心充滿愛？

你必須明白事實是你的心沒有覺醒，你沒有適當的感覺，你失去了與感覺的連繫，心是緊閉的，因為這是事實。你不用說我希望我的心覺醒，或者我該怎麼做才能使心覺醒，我必須變成這樣，我必須變成那樣。**不用去做任何努力來改變情況，如果你試圖改變它，你將一無所獲。與事實在一起，接受你的心是死的、心是緊閉的、沒有感覺的事實。**不要離開事實，看著它，接納它，與它在一起，這樣就可以了，你的心很自然就會綻放。但如果你試圖做些什麼讓你的心綻放，你可以做很多年，卻什麼都不會發生。

最快速、最簡單的方法是，留在事實中，不要離開事實，一直都只有這個事實。告訴自己：「是的，我看到沒有心，沒有感覺，沒有適當的情感，什麼都沒有，心是枯竭的。」這樣就好了，這就是靜心，待在你所在的地方。離開你的情況不是靜心，留在你真正所在的地方就是靜心，其餘都是自動的，你不需要做任何事情，你也不能做任何事情，這是自動發生的。

如何愛別人？

我所談論的愛是無條件的，是無法透過努力獲得的。但你們談論的愛，可以透過努力獲得。如果你做出適當的努力，你就可以得到。因為你們所談論的愛是依戀，是有條件的，這並沒有什麼錯。我所談論的愛只會隨著覺醒而來，但在你到達那之前，你必須擁有一般的愛。對你父母的愛，對你伴侶的愛，對你孩子的愛，對你朋友的愛。你必須擁有這個，我會幫助你。

當錯的是別人時，為什麼我要寬恕他？

如果你無法寬恕，你就會毀壞自己。所以寬恕別人，不是為了別人，而是為了自己。大多數外在世界的問題，都是你的傷痛所引起的，內在的傷痛會造成外在的問題。**如果一個人沒有寬恕，他的內心會一直承載著另一個人，那個人就控制了他的生命**，儘管他們離得很遠。當一個人無法忘懷某個情境或人，無論他試著做什麼，過去都會持續縈繞在腦際，他會一再失去頭腦的平靜，無法有效率的工作。此外，當一個人有強烈的傷痛，奇妙的是，無論他去到哪裡，都會遇見同類型的人，直到傷痛消失為止。舉例而言，你討厭易怒、愛挑剔的人，因為你有一份傷痛。在你的生命中，你就會遇見脾氣不好、愛挑剔的人。直到你完成了這個學習，生命都會持續發生類似的情況。

一個人一旦全然經驗了痛苦與傷害，傷痛就會消失，寬恕就會發生。這要如何做到呢？不是逃避痛苦，合理化傷害，對痛苦冷漠，而是去經驗痛苦。要經驗痛苦，就要去經驗痛苦的一切，它在那裡，那就是痛苦。對於痛苦在生命中的存在，完全沒有任何藉口或理由。唯有透過這樣的觀點，一個人才可以實際經驗痛苦。當一個人全然經驗痛苦時，寬恕就會發生。

寬恕是個內在的過程，它不應該與一個人在外在世界可能採取的實際行動混淆。你需要做的是去經驗內在的傷痛與憤怒，當你經驗時，你就會得到平靜，於是你就可以沒有任何內在的怨恨或批判的，對外在情況做出自發性的反應。你必須記住，任何出自於傷痛或批判的行動，只會導致更悲慘的情況。因此，當一個人在內在經驗痛苦的情況時，他在外在世界也可以很有行動力。

僅在心智上瞭解這點是不夠的，合一的教導必須落實在生活中。最初可能有一點困難，但是你必須找到竅門，你就會很享受做這件事。因為外在世界僅是反映了內在世界。**強烈的情緒，例如傷害或仇恨，會導致財務問題、健康問題與人生中的失敗。當一個人瞭解缺乏寬恕所導致的嚴重損失，他就會瞭解寬恕的必要性。**當你寬恕時，奇蹟就會自然發生，恩典之門就會開啟。

你對依循自己的心行動，卻傷害別人的人有什麼看法？

如果你真的發自內心，如果你真的依循自己的心與真誠行動，你是不可能傷害別人的。如果你的真誠傷害了別人，這意味著你是從頭腦行動，所以別人會受傷。但如果你是發自內心，無論你多麼坦率、多麼真實、多麼真誠，都不可能傷害到另一個人。

這是你必須練習的，**你必須檢查，看看它是出自於你的心或你的頭腦**。你很容易就會把頭腦和心混淆，發自於心是非常困難的，這需要很多的練習、很多的真誠，如此你才會知道是不是發自於心。如果你的心有美好的感覺，那就是發自於心。當你確實感覺到美好的感覺時，就不可能傷害到另一個人。你對他當面說出真話，他也不會受到傷害。但問題就在於你常常是出自於頭腦。

我很努力成為有愛心的人，卻一再失敗。

你無法試著去愛，那永遠不會發生。對於愛，你知道什麼？你所知道的是，你有嫉妒、任性、憤怒、憎恨；缺乏愛，因此渴望愛。這是你真實的情形。你不是聖雄甘地、蘇達斯（Surdas）、拉馬奎施納．帕拉瑪漢沙（Ramakrishna Paramahamsa）。你僅是你所是的樣子，不是嗎？所以你必須做的是，覺知到你沒有愛，愛就會自動開始發生。你一直試著去愛，但你改變了什麼？你和過去完全一樣。因此停止嘗試改變，成為你所是的樣子，成為你真實的樣子，看見你心中糟糕的事物。

當某人來到你面前，你微笑著說：「先生你好，歡迎。」這是不真實的，因為你心裡想著：「他來幹嘛？」實際上你戴著一副美好的面具，你沒有面對真實的自己，沒有面對事實。真實已經被拋在腦後很遠了。面具的存在，是由於社會、教育、文化等因素。人們認為那是生存唯一的方式，不得不這樣。

我要告訴你的是「覺知你的遊戲」，就是這麼做，僅此而已。我沒有要求你成為一位聖人或賢者。你是個可怕的人、糟糕的人，不是嗎？接納這個：「是的，我很可怕、很糟糕。」愛上這個，愛你自己，然後你就會看到偉大的奇蹟發生，你就會發現愛。

如果你做任何事情來增加你內在的愛，你永遠都不會發現愛。**如果你瞭解你對此無法做什麼，這就是愛的開端。在靈性中，當你瞭解你什麼都無法做時，那一刻它就發生了。只要你繼續努力，你就不會到達那裡，因為努力就是問題，正是努力將你帶離你所渴望的。**如果你想發現愛而做出一些努力，你就會遠離愛。如果你渴望平靜而做出一些努力，你就會遠離平靜。因為那份努力就是打擾與噪音，你必須瞭解努力是徒勞的。如果你可以明白這點，這就像是給你的一記當頭棒喝，所有的努力就停止了。當努力消失時，愛與平靜就會存在。

為什麼當我在愛中，就會害怕失去所愛的人？

你在愛中，正是因為你有失去的恐懼。如果你沒有失去的恐懼，你永遠不會去珍惜一個人。

這宇宙中的一切都是自相矛盾的，如果有前面，就有後面；如果有高，就有低，宇宙就是這麼建構的。如果你沒有失去你的朋友、伴侶或孩子的恐懼，由於某些原因，你就無法愛他們，你就會寂寞，因此你必須去愛。

這種愛之所以持續，是因為你受到疾病或任何可能的原因而失去這個人所威脅。生命就是如此，**生命的美在於如果你能看見這個情況的不可避免性，你就會開始接受它，事實上，你會愛上它。**

實際上，特定的情況是沒有問題的，問題在於你無法接受「所是」。「所是」，是在那個時間點在那裡的，你無法對它做什麼。一旦你明白這一點，你就會接受它；當你接受它時，愛自然就會從你的心升起。

我一直覺得自己比別人差勁。

比較，基本上源自於你不接受自己的生命、父母、身體、能力、思想與情

緒。當你抗拒事實，試圖成為某個你所不是的樣子時，你受苦於破壞性的情緒，如憤怒、嫉妒、憎恨、沮喪，這些情緒使你喪失智慧。

所有的問題都源自於喪失智慧，接納可以使你從這些問題解脫。但要如何接納呢？不是去瞭解、解釋或辯護某個狀況，而是去經驗這個狀況背後的痛苦。當你經驗了依附於狀況的未化解情緒時，所有的抗拒就消失了，你自然就會接受事實。內在接納帶來智慧的覺醒，自卑感就自然消失了。

當我們談到接納時，不是說你做了一些努力，然後就接受它；而是當你不再抗拒，接納就發生了。

如何阻止別人一再傷害我？

如果你有傷痛，而你真的經驗了傷痛，別人就會停止傷害你。我遇過一個印度當地農村沒有受過教育的婦女，她來上我們的課程。這個婦女告訴我，她一直與丈夫爭執不斷，生活很可怕。不久前她弄丟家裡的鑰匙，丈夫外出了，她進不了家，她很害怕告訴丈夫她弄丟了鑰匙，因為他會毆打她。於是她找來一個鄰居，撬開鎖，然後將鎖放在鄰居的家中。

然後她開始納悶：「為什麼會有這些問題？每次我惹了一些麻煩，這男人就會責罵我、毆打我，為什麼會發生這種事？」於是她應用了合一的教導：「發生在內在的，創造了外在的事件。」她詢問內在發生了什麼？她發現她內在非常害怕他，這恐懼不斷創造出丈夫被激怒，粗魯的對待她的情況，這影像在她的內在。她想：「我有恐懼，我很害怕，而這似乎在他內在喚起了暴力的行為。」

於是她丈夫回來時，她對他說：「你看，我弄丟了鑰匙，我撬開了鎖，因為很怕你，所以我將鎖藏在鄰居家中。」丈夫奇妙的笑了，給了她一個擁抱，說：「沒關係。」她很清楚的瞭解到，是她自己喚起了那種行為。這個事件後，她完全不再恐懼丈夫了。在這之後，他們有了生活中最好的時光。

這發生在一個沒有受過教育，也沒有很大的理解力，但對合一的教導有簡單的瞭解，並非常有系統的應用的婦人身上。當恐懼突然出現時，她持續的覺知到恐懼。在她覺知到恐懼的那一刻，恐懼就消失了。這個婦女與丈夫不再有問題，活在巨大的喜悅中，一切對她而言都非常好。因此，你必須明白一個事實，**你創造了這個影像，你激怒了對方，對方也激怒了你，但我們不必擔心對方，我們可以從自己開始。所以你要做的是，你必須瞭解到你正在創造這些事物。**

我知道在印度和西方國家中，有些人會與剛接觸的獅子、老虎嬉戲。這些人是怎麼辦到的？他們因為某些原因完全不害怕這些動物，當你不害怕時，動物就不會撲向你。印度的拉瑪那．馬哈希（Ramana Maharshi）經常接觸豹，有時甚至是老虎，據說他會與眼鏡蛇在一起；他從來沒被猛獸或毒蛇所傷。但他在接觸猛獸時，會與其他人保持十五英尺的距離，當人們跨越了十五英尺的界線，動物就會攻擊他們。所以如果人們害怕動物的話，就會被要求保持距離。

同樣的，我們創造了這一切，你可以迅速看一下自己，看見相關性，**在別人被激怒，做出不良行為前，你內在發生了什麼。**如果你知道這麼做可以得到利益，你就會這麼做，頭腦就像一個精明的生意人。你可以看到這對你是不是有任何的幫助，它帶來利益或損失。如果你可以清楚看見沒有任何利益，那就放下它。如果你看見有利益，那就緊抓著它。你必須依據利益或損失來看見它。如果你像這個農村婦女那樣看見它，那它就會非常容易。

因此，請這麼做，然後看看會發生什麼。這些事情必須去做，思考或猜測是沒有必要的，那是沒有用的。這不是一種教導式的談論而已，而是教你自己去做。去做，然後看看。

如何處理關係的問題？

關係的問題必須在三個層次上處理。在第一個層次，你可以使用合一的教導。很多時候，我們的關係不良是因為我們被錯誤制約，我們缺乏某種瞭解。因此，合一的教導可以幫助你。例如，合一的教導說，為了擁有良好的關係，從自己開始，而不是從別人開始。看見自己，接納自己，愛自己。當這發生時，很自然，別人就會看見你，接納你，愛你。

曾有對伴侶前來與我們會面，他們的關係很糟糕。女人說：「他是個酒鬼，我無法與他一起生活。」男人說：「她是個輕浮的女人，我無法與她一起生活。」

這就是他們的問題。於是我告訴他們：「在這裡，我們不處理別人，我們處理自己。」因此，我們與女人討論了輕浮的情況，我們說：「我們不會去改變他的酗酒，我們要改變妳。因此妳要做的是，看進自己，看見輕浮的原因。看見這個，接納這個：『是的，我是個輕浮的人。』接納它。一旦妳接納了自己，妳就會開始愛自己。『是的，我是個輕浮的人，這就是我。』妳就會愛上自己。」

當這發生時，很自然的，她開始看見那個男人，看見他為什麼會有那樣的行為，她接納了他，愛上了他。她沒有要求他放棄喝酒，因為她接納了自己，愛上了自己，所以她就接納了他，愛上了他，這發生在她身上了。

另一方面，酒鬼看進自己，看見他為什麼喝酒，看見他是個酒鬼，他接納了這個，他愛上了自己。一旦他這麼做之後，他就可以接納她是個輕浮的女人，接納她與愛她。我們沒有將輕浮改變為別的東西，也沒有將酒鬼改變為別的東西。**他們接納了自己，因此他們可以接納對方。**但在這之後，某些奇妙的事情發生了，在這之後，她不再是個輕浮的女人，他也不再是個酒鬼。我們的目標只是幫助他們接納自己，愛自己。因此，合一的教導可以有這樣的幫助。

另一個問題是，在關係中，我們建立印象。假設你結婚了，你開始建立對你妻子的印象，妻子開始建立對丈夫的印象，這可以在任何的兩個人之間發生。此後，**印象開始連結，你不再經驗對方，然後，關係就死亡了**。因此，在很多方面上，合一的教導可以幫助你，但這還只是第一個層面。

有時候無論你做什麼，頭腦都會卡住，紀錄一次又一次的播放，二十年來，你重複同樣的事情，沒有任何的改變，這也破壞了關係。你會說：「十年前，你這麼做；二十年前，你這麼做。」紀錄持續下去。要停止這個，你必須得到一個強烈的合一祝福，這可以**將頭腦轉換到另一個層面**。合一祝福開始起作用，幫助你。

這麼做也不是一向都有效果的，在這種情況下，你必須進入無意識中的程式。程式是指受孕時發生的事情，當你在母親子宮內時她的想法，子宮內發生的事情，分娩時的情形，分娩後六小時內發生的事情，有時你必須進入前世中。在這層面，我們就可以解決任何問題。

這就是處理關係問題的方式，你必須一步一步的進行。

改善關係的關鍵是什麼？

首先，別人是如何，一點也不重要；重要的是你內在發生什麼。其次，你不應該努力去改善關係，那是你所犯的錯誤。

你所必須做的是，你必須只在自己身上下功夫。實際的問題在你內在——就是你不知道自己真正是誰，你從自己逃離。當你可以逐漸開始看見自己的內在，接納它、愛上它、不去譴責它、評論對或錯，就是看見它。然後，沒有任何的努力，你與人們的關係就會自動改善。並不是你對此做了一些事情，而是它自動改善了。

所以你必須去深入自己內在，在自己身上下功夫，不是在你妻子身上下功夫，不是在你兒子身上下功夫，也不是在你女兒身上下功夫。**在自己身上下功夫，接納自己你不喜歡的部分，去接納它。**不用做什麼，很自然的，別人下一刻就會改變，因為別人反應了你的內在。

我知道發脾氣不好，但還是無法克制。

通常，人們盡量去控制自己的脾氣，但**努力克制憤怒，只會加劇感覺。無法抑制的憤怒，基本上是儲存在你無意識中根深柢固的傷痛的症狀。**傷痛是你過去的不完整經驗，那會不斷重複出現。

被傷痛所驅使的人，對生活會發展出非常狹隘的觀點。在每個情況下，關係成了他們的傷痛表達或展現的平台，因而他們很容易就會受到別人的反應影響。如果你要擺脫憤怒，那就試著使你意識中咆哮的惡魔安靜下來。化解你的過去、你的關係或你未處理的問題，你一定會感覺到你的回應有所改變。

我的內在有很多衝突，無法平靜。

基本上有什麼情緒並不重要，無論是比較、嫉妒、挫折、憤怒或憎恨，重要的是：你有看見它嗎？在看見它之後，你有接納它嗎？譬如嫉妒，首先你必須意識到嫉妒存在的事實，大多數的人甚至沒有意識到造成許多痛苦的嫉妒。下一個層次是，你接納了嫉妒；因為它存在，這是事實，你不能對它做什麼，你可以做的只有觀照事實。如果你將嫉妒塞在地毯下，它就會開始發臭，因此，接納它。

當你接納任何事物時，就沒有能量的浪費，能量就會保存，因為它沒有被浪費掉，這就是喜悅，這就是快樂。這並不仰賴於情況，不是得到一棟房子、一輛車，或任何給予你歡樂的事物。喜悅或快樂並不取決於這些因素；它只取決於一個因素，就是能量的保存。當你接納時，能量就會保存。

在你接納之前，你必須知道有情緒的存在。是什麼情緒完全不重要，這就是為什麼我告訴你，神不會批判你。如果神沒有批判你，你為什麼要批判自己？情緒都是在人類頭腦中的，而人類頭腦已經發展數百萬年了，它是個古老的頭腦。頭腦存在著，它不是你的頭腦或他的頭腦，它只是人類的頭腦。這些情緒和感覺，都是人類頭腦的一部分，這是它基本的性質。如果你以糖為例，糖有特定的味道與顏色，它是個結晶體，這些是糖的特徵。與此類似的，這些情緒是人類頭腦的特徵，人類頭腦的某些方面流過了你，你無法對它做什麼，你也不應該對它做什麼。

你所應該做的是，看見它在那裡。接納它，與它成為朋友。當你這麼做時，所有的衝突就結束了。當衝突消失時，能量就沒有浪費；當能量保留時，就有喜悅與快樂，就是這麼簡單。

如何停止批判別人？

要做到這一點，你必須做的是，站在妻子、丈夫或父母的立場，並試著以別人的方式來看待事情。你有自己的觀點，但那是不夠的；還**必須站在別人的立場，以他們的方式看世界，或看自己。**

這可以很容易就達成，一點也不難。一旦發生，批判就停止了。批判消失，愛就會出現。你沒有愛，是因為你不斷的在批判。以過去的知識、過去的印象，用這一切來評判丈夫、妻子或父母。頭腦不斷的批判。當有批判時，就沒有愛。批判必須停止。沒有人應該被批判。只有你以別人的觀點來看事情時，才可以達成。一旦如此，批判就會自動停止；這發生時，你就會很美麗的充滿愛。

如何練習接納自己？

你必須從外在世界開始，覺知到身體的感受，覺知到外在世界所發生的事情。如聲音、觸覺與味道。簡單的說就是，你必須**深刻覺知到身體上的感受**。

然後慢慢的進入內在世界，你會意識到內在所發生的事情，這會帶給你我們所說的「看見自己內在」。當你深入自己的內在時，你就會發現自己是誰。真實的你與你所認為的自己，實際上是很不一樣的。當你進入內在時，你會發現你內在有許多糟糕的東西。你有恐懼、慾望、憤怒、嫉妒、羨慕，缺乏愛與連結，你會看見很多糟糕的東西。你的心中沒有愛，但你努力讓自己看起來是個充滿愛的人；當你看見自己心中沒有愛時，那就是看見內在。你可能不喜歡你所看見的，但你必須持續看見內在有什麼。

每個人都想感覺自己「很好」，對自己有好的感覺。你不喜歡內疚和不好的感覺。所以一切都被「很好」裝飾著，你內在所有的垃圾都被「很好」裝飾著，這一切都被藏在裡面。就是看著你的醜陋，很快的，你就不會叫它醜，甚至還可能看起來很美。

一旦你在**第一步發現自己是誰，下一步是如實的接納自己，第三步就是如實的愛自己**。你需要做的是，開始練習看見自己內在。我建議從外在的覺知開始，然後進入內在。這就是你必須練習的，你會看見巨大的改變發生在你身上，內在大多數的衝突都會慢慢消失。衝突一旦消失，某些事情就會逐漸發生。

我一直在抗爭，很難接納。

當你無法接納某個事物時，首先瞭解到它存在的事實，你無法期待它消失。當你與它抗爭時，你就會創造許多的衝突。因為衝突，許多的能量就耗損了。當能量流失時，你就會變得不快樂，也會成為一個失敗者。

另一方面，如果你接納存在的事物，就不會有衝突；沒有衝突意味著沒有能量的耗損。當能量保留時，就沒有能量的浪費，這成了喜悅與快樂，帶來更大的成功。如果能看見這整個過程，你很自然就會接納，因為這對你而言是比較好的選擇，你不會做對自己不利的事情。

不知為什麼，你總是想像與它抗爭是好的，才會去抗爭。**當你觀察到，抗爭不利於自己時，頭腦自然就會放下它。**你必須清楚看到抗爭對你不利，然後這就結束了。這是很簡單的，但因為你還不習慣這樣的觀察，才覺得困難。一旦你學會了，這就與呼吸一樣簡單。不過在這之前，你會覺得：「噢！我該怎麼做？」這需要一些努力與瞭解。

我無法接納自己，怎麼辦？

我們說：「在外在世界，你必須是積極的；而在內在世界，你必須是消極的。」現在的情況是，**你意識到你無法接納自己、無法愛自己，到這個點就可以了。但問題就在於你試著去接納自己、試著去愛自己；因為你譴責了你不接納自己的事實，你譴責了你不愛自己的事實。**這不是合一的教導，合一的教導是說：「覺知到你不接納自己的事實，強烈覺知到你不愛自己的事實。」如果你去譴責它、改變它，什麼都不會發生。

就是這樣的覺知，你甚至不該認為它是不好的，如果你說：「噢，這很不好，我不接納自己，我必須接納自己。」這並不是覺知，這來自於思考。覺知只是去看見發生了什麼，發生什麼並不重要。正在發生的是你不接納自己，如果你真的看見時，你甚至不會說：「我不接納自己。」因為它發生於當下，它不是一個概念，不是發生在過去的事情。它是在特定時刻在那裡發生的事情，你只是覺知到它。當你這麼做時，某些事情就發生了。

只要覺知到正在發生的一切，除此之外就沒有了。當你覺知到發生了什麼，這是第一步，也是最後一步。不能再做更多，也沒有什麼可以做了。但你在做的是，你將它貼標籤為：「啊，我不接納自己。」你已經將它貼標籤了，你已經譴責它了，你想去改變它，問題就是從這裡出現的。截至這點，你所做的是正確的。現在你必須瞭解沒有什麼要做的，甚至不說：「我不接納自己。」不，這意味著你沒有看見，你做了思考，但你沒有真正看見。只要看見發生了什麼。當你看見，這一切就完成了。**看見，是唯一可以做的事情。**當你這麼做時，我們一直在談論的所有事情都是自然的結果。

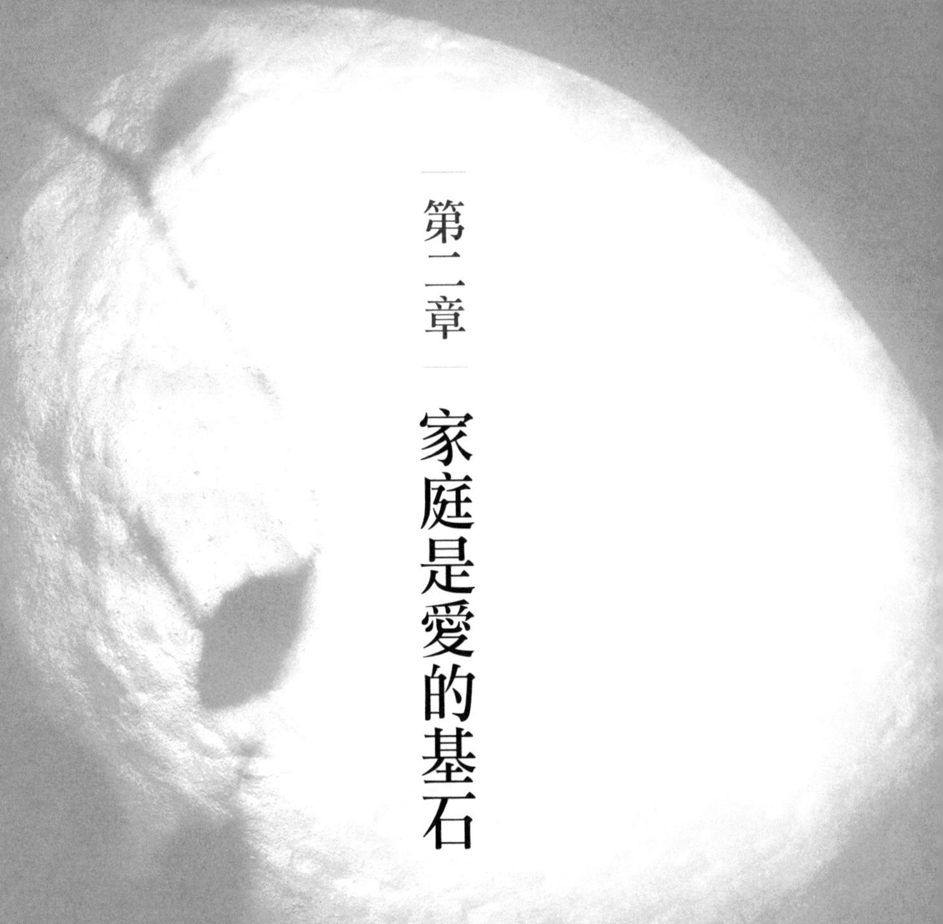

第二章

家庭是愛的基石

當父母與孩子之間的關係改善時，這代表他們的家庭將覺醒，
並會影響全球的意識。整個世界，就像是一個大家庭。
一旦關係改善，每個人都會受益，也會帶來極大的喜悅。

不健康的關係，阻礙了我們享受生命，不但消耗我們的能量，也在生活中製造出很多問題。許多人都過著不快樂的生活，因為他們缺乏應對別人的能力。儘管他們瞭解到擁有成功的關係非常重要，卻做不到。這對於一個人而言，是個巨大的挫折來源。他所有的能量都流失了，儘管使盡了最大努力，關係的問題仍然沒有獲得解決。

要改善家庭關係，可以從自己與父母的關係開始。透過接納、寬恕父母，就會與父母有更好的關係。當與父母的關係療癒了，其他的關係就會自動改善。你會發現自己與家人生活在更多的和平、愛與彼此的接納中。因為你內在與父母關係的轉化，與同事之間也有了更好的關係，辦公室的氣氛也會更加和諧。

療癒與父母的關係

如果有人問你：「你是誰？」你會告訴他們什麼？你會說：「我是某人的孩子、某人的朋友，我住在哪裡、職業是什麼、有哪些興趣以及生命經驗。」你不就是這樣思考自己嗎？我們只能在與某些人事物的關係中思考自己。移除了這些關係——與人們的關係、與名聲的關係、與每件事物的關係之後，你是誰？你在哪裡？當移除圓周時，圓心在哪裡？這就是為什麼巴觀說：「關係不是生命的一部分，生命就是關係。」

如果有一段關係是不良的，那你對於生命的經驗就會不良。如果任何一段關係有衝突，那你對於生命的經驗就是分裂的，感知就會開始扭曲，於是你就失去了連結、失去了合一。

在所有的關係中，最重要、意義最重大的關係，是我們與父母的關係。與父母的關係決定了往後我們與其他人的關係。如果可以療癒與父母的關係，其他關係中的問題就會消失，無論是與伴侶、孩子或同事的關係。

巴觀說：「改善與父母的關係是最重要的，因為所有的關係都反映了你與父母的關係。你與家人、朋友、同事的關係，都取決於你與父母的關係；一旦你與父母的關係改善了，一切都會改善。如果你與父親之間的關係很糟糕，你很可能就會有財務問題。如果你與母親之間的關係很差，你就會有不必要的障礙。生命會反映出關係中的問題，因為生命就是關係。」

如果你不是由自己的親生父母撫養長大，那這關鍵角色就是在你心中占據這個位置的其他人，也許是伯母、叔叔、養父母、哥哥、姐姐、和藹的老師、像母親般照料你的人，或實際上承擔父母位置的人。

你與父母的關係是非常重要的。如果在與父母的關係裡感到不滿意，你就會在往後帶著那種不滿意的感覺。如果對與父母的關係感到感激，你就會將相同的讚賞與感激帶入你生命中的其他每一段關係中。因為，所有的關係基本上都是我們與父母關係的翻版。我們生命中所有的關係，大多是複製小時候與父母的關係。

假如你厭惡父親的權威，討厭他威權的性情，當你長大後，往往會吸引那些權威的、掌控的、或是會使你恐懼的人。同樣的經驗會不斷出現。假如你敬重父親，尊敬他的仁慈與愛，那你很可能就會吸引相似特質的人來到你的生命裡，例如仁慈的丈夫、老闆、孩子。另外，還有一種可能，就是你會成為你所憎恨的人或你所喜愛的人。如果你很愛父親，那麼你很可能就會像他。如果你因為某些原因憎恨或害怕父親，你也可能會變成跟他一樣。

我們經常看到孩子抱怨父母：「你非常專制、控制慾很強。」這些話可能是他們的父母在小時候也曾對自己的父母說過的。我們會變成我們的父母，一再的體現我們與父母之間的關係。

曾有位女士來到合一大學，她對自己的生活很不滿意，因為她無法與喜愛的男性有穩定的關係。她大多數的親密關係都只能維持三、四個月，最長的一段是六個月就分手了。她長得很美、條件很好、個性也很和善，任何人都會想去追求她，但她就是沒辦法與任何男性擁有長久與滋養的關係。在課程中，她發現問題是源自於她與母親的關係。

小時候，她覺得母親是個暴躁的女人，常常發脾氣。母親造成父親很多的痛苦，還是小孩子的她對母親感到非常生氣，於是她內在一直帶著這股憤怒。她與母親的關係沒有得到療癒，在無意識中，她與母親關係中的那股傷痛使得她與「較低意識」對應。

較低意識是破壞性的，這會使她進入自我破壞的行為模式。她往往會脫口而出一些明知會傷害自己、會傷害關係的話語。她會發飆，雖然一直都知道不應該這樣。她會盡力去克制，至少在意識層面上；但卻克制不住。因為在她內在與母親關係的傷痛，讓她每次都與較低意識對應。雖然她不希望這樣，但這破壞性的模式一再的發生，彷彿內在有股力量驅使她這麼做。當她在一段關係中兩、三個月後，就無法避免的在關係中呈現出自己最糟糕的一面，而人們就會想從她身邊逃離。

關係中的傷痛，會使你與較低意識對應。如果你與父母的關係沒有得到療癒，就有可能發生這樣的事情。

如果在小時候受了傷害，自然只有很少數的孩子知道如何消化痛苦，大多數的孩子都不知道該如何處理這樣的傷痛。如果小時候受了傷，就會透過某種方式，把傷痛發洩到我們生命中的人身上。

我們許多人都相信，處理一段傷痛的關係，最好的方法就是切斷關係。相信分開是處理這段關係最好的方式。但你的父母並沒有活在你的外在；他們活在你的內在，而你也活在他們的內在。

你對父母的憤怒和抱怨也許情有可原，因為他們對你不好，或沒有滿足你的需求。但你必須瞭解，**每個人都只能給予他們所擁有的，他們無法給予他們所沒有的。如果你的父母也沒有從自己的父母那裡得到愛，他們肯定也無法給予你愛。**如果父母擁有愛，他們就會給予你。如果父母擁有美麗，他們就會給予你。如果父母擁有教養，他們就會給予你。父母會給予你他們所擁有的，父母給予你他們「所是的」。除了他們「所是的」之外，他們還能給予你什麼呢？

我們常常沒把自己的父母視為「人」，看見他們也是渴望愛、對生命有自己的期望、覺得沒安全感的人。不知何故，在孩子眼中，往往沒把父母視為「人」。對其他的關係，或在大多數的關係中，我們都更包容；但卻無法包容自己的父母，我們往往將父母視為理所當然的。

巴觀說：「如果你無法寬恕，你可以做的最好的事情是：像抱著新生嬰兒般抱著你的傷痛，不去批判它、譴責它、或為它辯護，就是溫柔抱著它，抱著傷痛與經驗痛苦。奇妙的是，你會發現它非常痛，它成為在你胸口的痛苦，但漸漸的，你就會發覺你發現了自由與喜悅，而喜悅就會轉化為愛。」

寬恕父母對待你的方式，全然的經驗傷痛。現在是這麼做的時刻了！是你內在的那些衝突、憤怒、沮喪與憎恨，一直在傷害你。當你全然的經驗傷痛、寬恕父母時，你與他們的關係就改善了。如果我們能透過接納與寬恕，療癒和父母之間的關係，這就會強烈的改變我們的內在，我們就可以在生活中吸引更多的喜悅與豐盛。

巴觀身邊的小故事

有一天，一個婚姻美滿又富裕的女士帶著小孩來到合一大學。她的生活很美滿，經營一間成功的公司，一切都很好，除了她的孩子從來不對她表示任何的愛，孩子對自己的母親總是不太友善。她在課程中試圖解決這個問題——沒有得到孩子愛的回報。

在課程之後，她與巴觀會面。她給巴觀一幅畫，巴觀問她這幅畫的含意是什麼。這幅畫裡一名年輕女士抱著一個新生嬰兒。她解釋說這是她，她抱著她的痛苦。第一次，她擁抱了她的痛苦，這是她第一次細心抱著一個新生嬰兒。

三十年來，她內在一直懷著對自己母親的痛苦，一輩子都在避免這種痛苦。在合一大學的課程中，她細心的抱著痛苦，痛苦就消失了，她覺得對母親有很多的感激。她之前沒有感覺到與她孩子的連結，而現在她的孩子也可以回報愛了。她告訴巴觀：「將痛苦像個新生嬰兒般抱著是個奇蹟，我希望所有人都可以在我的畫中看到這個奇蹟。」

擁有親密的伴侶

生命中有許多的關係。其中，有一種關係，不是給你最大的痛苦，就是令你獲得最大的喜悅。這段具有重大意義的關係，就是你與伴侶的關係。在這段關係中，你所有的情緒都會浮現出來，無論是正面或負面的情緒，愉快或不愉快的情緒。這段關係會反映出你的內在，引領你真正覺知到自己。

在這段與伴侶的關係中，你沒有面對與接納自己的各個面向，會比在其他的關係中更輕易、更經常的浮現。所有你忽略與壓抑的情緒，或你沒有認出但確實在內在影響著你的情緒，也更容易在這段關係中浮現。如果你能化解關係中的衝突，讓衝突越來越少，同時有更深的連結與合一，你就可以擁有一份親密的伴侶關係。

首先，來談談如何選擇合適的伴侶。

有一次，大約有四百名年輕人來到合一大學與巴觀會談。會談是在夜晚舉行，這些年輕人提出了各種問題，巴觀一一回答。有個年輕人起身問巴觀：「如何確認誰是我的人生伴侶？我可以培養什麼方法，幫助我更準確的認出我的人生伴侶？」巴觀告訴他：「**選擇伴侶，你需要培養傾聽的藝術，你不僅要傾聽別人，也要傾聽自己。**你在與可能是你人生伴侶的人交談時，意識到你內在發生的一切，意識到你內在感覺到愉快還是不安。」巴觀接著說：「如果在與人交談時，你感到不安或不舒服，那很可能這個人就不是你的伴侶。另一方面，**如果在交談時，你感到很愉快，那這個人可能就是適合的對象，然而你必須自己去探詢。**」

會談結束後，有兩、三個年輕人站在門口等待指導老師，他們向其中一位指導老師說：「我們還是很困惑。」指導老師問：「對什麼困惑？」他們說：「假如我們與很多女孩談話都感到愉快，該怎麼辦？如果只對一個女孩有這種愉快的感覺就沒問題，但如果對很多女孩都感覺不錯，就是個大問題了。」指導老師回答道：「巴觀所說的傾聽，並不是只跟一個人交談一、兩次，也不是一見鍾情，而是在長期互動的關係。在長期互動之後，你才能真正開始在你的中心。經過一段時間之後，你才能將覺知與注意力轉向內在，以觀察這段關係是使你感到愉快，還是不愉快。這就是做這件事的方式。」

第二件你要學習的事情是：接納自己。**要擁有一段良好的關係，接納自己是非常重要的**。除非你能夠接納自己，否則你無法接納伴侶。除非你能夠愛自己，否則你無法愛伴侶。當你對自己感到自在時，你在大多數的關係中都能感到自在，尤其是與伴侶的關係。這是你在選擇伴侶時所必須學習的第二件事情。

在選擇伴侶時，第三件必須謹記在心的事情是：**你要能尊重對方，而不僅是愛對方**。要維持一份關係，給予對方很多的尊重是很重要的。吸引力可能在一段時間之後就逐漸消失，因為吸引力是基於某些很表面的事物，某些很快就會改變的事物。**如果你尋求的是一段長久的關係，是一段帶給你人生意義、為你的存在增添喜悅的關係，那你就必須將許多的尊重帶進關係裡**。

因此詢問自己，探詢自己的內心：別人的哪些方面，是你真的能夠長期尊重的？這些總是與你的價值觀有關。每個人都有一套自己的價值觀，是我們真正尊重與欣賞的。除非你對自己的價值觀非常清楚，否則你就會仍然感到困惑，因為你只會被與你相似的人，或符合你標準的人所吸引。你要在別人內在認出的這些特質，可能是你自己所擁有的，或者是你想要擁有的。這些價值觀因人而異，因此完全由你自己決定。

我們也發現，如果你內在有衝突，你就會吸引那些助長你內在衝突的人。如果你活在合一狀態中，你就會吸引到可以使你增加連結、愛與合一的感覺的人。因此，在達成人生這項最重要的任務之前，自我成長是最重要的。

學習傾聽伴侶

唯有當你學會了傾聽的藝術，你才能在日常生活中以建設性的方式，處理伴侶關係中的傷痛。無論你的伴侶有什麼樣的性情，如果你學會了傾聽的藝術，你就能夠將這段關係提升到一個更好的狀態。除非這段關係充滿傷害，或十分不正常，那就另當別論。但如果關係是在正常的範圍內，療癒傷痛，將關係帶到相當美麗的狀態是可能的。

在吉梵希然學校中，阿瑪會與孩子談話。有一次談話中，阿瑪問孩子：「你們的願望是什麼？你們有多少願望？」每個人都講了長長一串願望，在聽完所有的願望之後，阿瑪告訴孩子：「**如果你觀察你的每一個願望，你就會發現最根本的願望只有一個，就是對愛的渴望。所有人的生命都被兩個主要的需求所支配著，就是愛與被愛的需求。**」

阿瑪說：「如果你能夠意識到這兩個不時在你內在浮現的需求，生命將是更高覺知的經驗，你將有更高的智慧。」

我們不是都需要去愛人嗎？我們不是都需要被愛嗎？你必須瞭解到你的伴侶也有同樣的需求，你們之間並沒有很大的不同。或許你們的表達、文化制約、要求愛與給予愛的方式是不同的；然而，在核心，你們是相同的，沒有什麼不同，你們都有對愛的需求。

要如何練習傾聽？當關係是愉快時，傾聽很容易。而當關係變得不愉快，或談話變得有點激烈時，傾聽就會變得困難。這時就可以運用以下這個特別的方法：

第一步驟：瞭解雙方在核心本質上是相同的，只有愛與被愛的需求。唯有帶著你與伴侶在核心是相同的深刻洞見，才有可能傾聽。

第二步驟：祈請臨在，與更高的意識連結，並設定幫助對方、療癒對方、與對方連結的意圖。

第三步驟：絕對不要將視線從對方臉上移開，要持續看著他。因為在混亂、衝突與痛苦的時刻，如果你不看著對方，他可能就會覺得沒有受到尊重。一定要注視著對方。

第四步驟：放慢呼吸。當放慢呼吸時，你就會放鬆，大腦狀態也會平靜下來。當大腦狀態平靜下來時，就能有更高的智慧與觀點。放慢呼吸，並開始觀察你內在發生了什麼，對方在你內在激起了什麼樣的反應。無論對方說了什麼都不重要，重要的是這些話對你有什麼影響、觸發了什麼記憶、引發了什麼反應、喚起了什麼感覺，意識到你內在發生了什麼。

一旦你清楚意識到自己內在發生了什麼，你立即就會注意到平靜與鎮定的感覺。你不會用失望或傷痛來「反應」，而是真的去「回應」他。在這樣的狀態下，你開始與對方連結。從覺知到自己內在所發生的一切，以及帶著幫助對方的渴望，來回應對方。如果可以的話，問問對方，你要怎麼做才能幫助他。因為你與更高的意識有了連結，你會看見愛自然的流動，你的伴侶也會清楚的感覺到。

以上就是傾聽的步驟。練習傾聽，你就可以用更好的、更明智的方式，來處理傷痛。

在健康的關係中，仍然會有爭執與意見不和，但情緒卻不會持續存在。你無法總是體貼、對彼此充滿愛。充滿愛的時刻、沒有愛的時刻，和諧的時刻、不和諧的時刻，不斷交替著。和諧、愛、喜悅的狀態不會持續存在，但當你開始真正經驗伴侶時，你們就會有一段更健康、更滋養彼此的關係。

婚姻造成框架

造成關係中痛苦的原因之一，是你對於「理想的關係」應該是什麼樣子的固定框架。宗教、故事、神話與整個社會給予我們這些「理想」。理想始終是理想，它不是真實的。當你試著將理想放到實際的關係上時，你就看到了不完美，而導致了不滿與紛爭。

我們常聽到這樣的故事：「我們認識八年了，我們很快樂，彼此相愛。在一年前我們決定結婚，從那一刻開始，一切都不對勁了。結婚前，我們有這麼多的愛與連結。我們為什麼要結婚？現在我們在人間煉獄中，我責備他，他也責備我，我們甚至討厭彼此的父母，這一切都一團糟。」

這是一個標準故事，究竟哪裡出了問題？

一旦結婚，成為人夫或人妻，你們對於妻子應該有什麼行為，丈夫應該有什麼行為都受到制約。妻子期待丈夫負起照顧家庭的責任、充滿愛、在情緒上很堅強。另一方面，丈夫期待妻子很會照顧人、有耐心、有仁慈、善解人意、能承受痛苦。在結婚之後，你們就會以這個框架來與彼此連結。

婚姻將許多隱藏的概念與期望帶了出來。在結婚的那一刻，你們成了夫妻，你們之前的「朋友」角色改變了。現在你必須符合新的角色：丈夫與妻子的框架，以及你對這角色的概念，還有對方的概念與期望。

在婚姻前後有很大的差別，因為**你的框架改變了，有著完全不同的制約與期望。這些制約開始影響你的生命，他戴著丈夫的面具與你的妻子面具連結**。真實的人撤離了，矯揉造作與內在死亡取代了自發與愛。

我們要使**友誼成為關係的基礎**。未婚伴侶往往對彼此都在健康的關係中，但在結婚後，開始認定了彼此是丈夫與妻子的角色後，關係因而進入枯竭的過程。他們減少或遺忘了關係中的友誼，期待對方應該有什麼樣的行為與表現。

如果在成為丈夫與妻子時，依然保持是朋友，這將是最美的事情；尤其再加上與孩子的關係。**友誼沒有框架，因為它讓對方成為他們真實的樣子**。你無法決定成為朋友的角色，只能決定成為所有其他的角色：丈夫、妻子、父親、母親。這是一個簡單的選擇。而真正的朋友，是接納別人真實的樣子。

婚姻應該將關係帶進新的經驗層次，而不是將對方套上一個角色，期待他應該如何。友誼是任何關係的真實形式。

養育孩子的藝術

成為父母是個神聖的責任，你不能只因為你著迷於孩子，就說你想要一個孩子。這是一份責任，你將一個靈魂帶到地球上。養育是一項必須學習的神聖藝術，成為父母是如此重要的經驗，你會將生命裡二十一年的時間都奉獻給你的孩子。事實上，巴觀希望全世界的人們在懷孕前，都先接受養育孩子的學習。

巴觀說：「**最有資格成為父母的人，是發現愛的人。**」如果你發現了愛，你就會知道究竟該如何生活、該如何養育你的孩子。你自然就會知道該如何回應孩子生命的各個成長階段。如果缺少了愛，你就會從恐懼或傷痛對孩子做出「反應」，而不是「回應」他。然而，如果你還沒有發現愛，最好至少將養育當作一門藝術來學習。這是最難學習的藝術之一，因為這不僅需要頭腦，還需要心。

養育不是從孩子誕生時才發生的，養育早在受孕前就開始了。伴侶必須從自己身上努力，他們必須在彼此的關係中發現愛。母親要學會尊重自己、愛自己。每個女人都渴望被尊重、被愛。巴觀說：「**如果你愛自己，整個世界都會愛你。**」你無法要求別人尊重你，一旦你在生命中發現愛，你自然就會被尊重。

你的小孩有自我毀滅的傾向，或是喜悅的經驗生活，不僅是由他的後天所決定，也由你將生命帶進這世界的意圖的那一刻起所決定。你找一個吉祥的時刻，帶著想創造孩子的強烈意圖，去創造小孩。你為彼此創造愛！受孕不是一個沮喪的行動。如果你是出自於沮喪而創造小孩，種子就不會充滿愛，孩子必然就會在生命中受苦於缺乏愛。如果父母不是在挫折或恐懼中，而是在一個吉祥的時刻，在對彼此的愛與神聖感中孕育孩子，就會將一個超凡的人帶進這個世界。

曾經有一個女孩來到合一大學參與課程，她很聰明、很有能力、智商很高、也很活潑。有一天，指導老師有個機會與她說話，女孩敞開心扉，告訴指導老師，她的勇氣只是表面的，內在一直活在沒有安全感與確定感的狀態，毫無理由，也不知道原因。她想要擺脫這種不安的狀態。

在課程中，她看到當母親受孕懷她的時候，母親處於一個極度沒有安全感的情況。因為那時父親與祖母都告訴她，她已經為他們家生下三個男孩，至少這次得生下一個女孩。對這個女孩子的母親來說，這聽起來就像是最後通牒，因此她在受孕的過程中處於一個極度沒有安全感的狀態。女孩就這樣被生下來了，在長大之後，沒安全感的種子仍在她的內在。

當胎兒在母親子宮內成長時，母親的經驗與感覺，形成了孩子心理構成的一部分，這將一直持續到成年與以後的生活。在母親子宮內的任何一個時刻，如果有不被父母想要的感覺，這名孩子終其一生都將受苦於巨大的無愛之中。從種子進入母親子宮的那一刻起，母親必須在快樂的頭腦狀態中，讓這份快樂影響子宮內的孩子。如果母親有做靈性練習，她的意識就會在較高的層次。甚至在子宮內成長的小孩都會擁有不同的意識層次，他在母親子宮內的經驗將是不同的。

如果母親懷孕期間一直看恐怖電影，或對生命感到挫折、不快樂，認為這世界是可怕的，活在世上就是受苦，小孩也會得到同樣的結論。

有一個男士受過高等教育、非常聰明，但他嘗試去做的每件事最後似乎都失敗了。在合一的課程中時，他看進自己內在，看到當他在母親子宮內時，家庭經歷了非常嚴重的經濟問題，這讓他母親很煩惱。她心想：「這世界多麼可怕，每件事都不順利。」孩子吸收了她的思想，於是得到一個結論，他即將進入的世界是他無法平靜生活的地方，要賺到錢非常困難。

誕生的過程與誕生後的六小時內也非常重要。**每個孩子，都要被當作是神的孩子來到世界一樣的受到歡迎**。當小孩剛出生時，母親的觸摸是很要緊的。在誕生時，也就是他進入世界的第一刻，孩子有著擴張的意識。擴張的意識會持續一小時左右；在那時刻，愛孩子的人必須圍繞在孩子身邊。世界如何接納孩子很關鍵。如果人們的反應是：「噢，神啊，這孩子是我生命的光。」那孩子肯定會是個快樂的小孩，長大後也往往會是名成功的人士。如果小孩出生時感覺被拒絕，例如人們說：「噢，又一個男嬰。」或者「噢，又一個女嬰。」「噢，他好黑喔。」他往往會在生命中感覺被拒絕。她可能有三段婚姻，但無論她得到多少的愛，都不會滿足，她會一直感覺不被需要、沒人愛，甚至走上自殺一途。

孩子的未來，從誕生起到六歲的期間就奠定了，這幾年是孩子以後人格形成的關鍵時期。他成功或失敗，擁有友誼或孤獨的模式，都在這個階段創造出來。孩子對生活不完整的瞭解，形成了無意識中某些非邏輯的結論；此後這些無意識的決定，就操控了他的生命。

在孩子六歲前，讓你的孩子沐浴在愛中，永遠不要讓他覺得自己被拒絕。用尊重對待孩子，彷彿他遠遠優於你。將他當作國王、皇后般對待。你敢對國王說苛刻的話，或對他不禮貌嗎？當然不會。將孩子當作國王與皇后般的對待，意味著父母不應該占有孩子，父母應該成為孩子的朋友。要有禮貌、友善、溫柔的對待孩子，即使有時候你也必須嚴格。以朋友的身分，父母可以說：「請不要做那個，這對你不好。」小孩回答：「好的，爸爸。」這是父母的態度，這是父母與孩子接觸的方式。小孩對你的情緒、觀點和態度很敏銳，你的行動本身反而是次要的。

直到六歲，小孩不應該面對太多的「不」。如果你無法給予什麼，就不要讓小孩看見什麼。如果你負擔不起什麼，就不要帶小孩到那裡。孩子必須感覺被尊重，孩子必須感覺被歡迎，孩子必須感覺自己是位國王。孩子的未來在這時期建立。在六歲之後，如果父母有點動盪不安的時期，孩子可以承受它。但是前面六年，不應該讓小孩看到父母的爭吵、不應該讓小孩看到憎恨，父母必須學習清理這些。

從六歲到十二歲期間，孩子要像個王子般被對待。父母必須在自由與紀律之間保持一種微妙的平衡，你可以說「不」，這是你可以嚴格的時期。孩子必須不帶譴責或侮辱的得到糾正。侮辱或譴責孩子，有時可能使他變得具有破壞性。占有孩子，與試圖透過孩子滿足你沒滿足的需求，都可能對孩子造成傷害。小孩需要你的注意力、友誼與無條件的接納。

從十二歲到二十一歲期間，對父母與孩子而言，都是強烈的情感波動時期。孩子在這個階段經歷了許多生理與情感的變化。當他十二歲時，你們就是平等的；他已經有自己的生命經驗了。**十二歲之後，你要像個朋友般對待他，你的孩子不再是個孩子，而是你的朋友；他的感受與意見都應該受到尊重與重視。你不能「向」你的孩子說話，你必須學習「與」你的孩子說話。**你的孩子在這個階段脫離你，試圖建立自己的身分，他們想在某些方面找到與你不同的自我認同。在這個時期，他們可能對你所建議的每件事情都說「不」，這是自然的。身為父母的你，不用害怕他的這種行為，給他有拒絕你的空間。如果父母學會了傾聽孩子的藝術，關係就會更好。不譴責、不批判的去傾聽你的孩子，你就會瞭解他需要的是什麼。如果你允許孩子對你說「不」，讓孩子看到你對他們的同理心，那當他二十一歲時，就會成為一個有同理心的人。

身為父母的你，需要意識到孩子內在的變化，透過瞭解來回應他。沒有任何孩子，會被父母出於愛的堅定所傷害。大多數的人類都是自己的父母缺乏愛的受害者；因為如果一個人沒有得到愛，就很難去表達愛，大部分的父母都不知道怎麼去愛自己的孩子。一個在他童年時經驗到愛的人，自然會成長為一個充滿愛的伴侶、朋友、善解人意的父母，而且往往是一個成功的人。

在為人父母的過程中，有幾件事你必須記住。首先，每個父母一開始都是自己父母的孩子。如果你與父母的關係很好，如果你對父母有關心與愛，你的孩子也會對你有關心與愛。你留給孩子的不僅是你的遺產，還有你的態度與人際關係。如果你希望孩子愛你，先學習愛你的父母。

第二，每對想要為人父母的夫妻，都必須先瞭解他們是否有資格成為父母。他們有健康的身體嗎？他們解決了相互之間的情緒傷痛嗎？他們彼此相愛嗎？他們是否願意分擔要持續二十年以上的責任？你用了超過十年的時間準備好成為一個醫師或工程師。但是，你準備好成為父母了嗎？去瞭解這件事。

在一次與巴觀的會面中，一位女士對巴觀說：「我的兒子被我深深傷害了，因為他成長時，我沒辦法與他在一起，那時我正在經歷自己生命中的創傷。現在他無法原諒我，他對我的不諒解讓我感到受傷。這也同樣傷害了他，因為他無法把我當作他的朋友。他生命裡有這樣的缺憾，我要如何幫助他？」巴觀告訴她：「如果身為一個母親，妳能經驗到你孩子的痛苦與傷痛，如果妳可以在一些時刻變成他，給予他合一祝福，妳的孩子就很有可能得到療癒。」

如果你過去因為種種因素，無法給予你的孩子這些，或是感覺對你的孩子做錯事，你不需感到沮喪或有罪惡感。巴觀說：「如果父母的意識提升到無條件的愛的狀態，這些傷害一定會在孩子的生命中被改正。」愛能在任何階段療癒一個人，它從不嫌晚。就算你的孩子現在已經是快要五十五歲的中年人了，而你將近八十歲垂垂老矣，你依然能愛他、療癒他。**療癒，可以發生在任何時刻**。

與巴觀同在的夜晚

家庭對人的身心健全，有什麼重要性？

除非家庭保持完整，否則個人就會破碎，因為你會失去母親的愛、父親的關注，以及家庭可以提供的關懷與安全。如果你沒有從父母得到注意與關心，你就會覺得非常孤獨、喪失對自己的認同，並用種種方式保護自己免於孤獨。因為無法忍受孤獨與痛苦，你就會尋求不健康、退化的逃避形式。當你內心很孤獨時，你就會透過各種形式的娛樂、藥物、酒精、性、犯罪來逃避。這一切最後都會導致個人的破裂，這樣的人最終將導致社會與文明的破裂、以及社會本身的分裂，因為社會或文明就是由每個人所構成的。

如果你想與你的妻子或丈夫連結，你必須學會經驗你伴侶的藝術。唯有人們學會了經驗彼此，家庭才可能保持完整；否則家庭就會破碎，也導致了文明的死亡。如果你學會經驗彼此的藝術，無論對方與你的期望有多麼不同，關係都會刺激你、滋養你。當你學會了經驗別人，你就學會了經驗自己；事實上，你就學會了經驗生活本身，所有的經驗都是喜悅。

為什麼改善與父母的關係這麼重要？

當我們談到改善與父母的關係時，我們真正要傳達的是，如果你改善了與父母的關係，所有的關係都會自動改善，其他的關係都是以這段關係為基礎。不一定是你的親生父母，任何在你小時候撫養你的人，他們是在你一生中引導你的人。這關係渲染了所有其他的關係。所以如果你與他們有非常良好的關係，無論是你的親生父母，或撫養你的人，就會自動改善了你與其他人的關係，包括與子女之間的關係。

你與父母的關係形成了所有其他關係的模子，包括與神的關係。例如，你受到父親傷害，討厭他盛氣凌人的態度，你肯定會遇到許多這樣對待你的人，這些人反映了你的父親。他們可能是你的朋友、伴侶或上司。每當你遇到這樣的人時，你就會怨恨他們的權力，而傷害了自己。如果你受到母親傷害，覺得她比較喜歡你姐姐，這傷痛就會持續在你整個生命中存在，渲染了其他每一段關係，因為母親的緣故，你感到不被愛。

與母親的關係問題，會造成你不必要的健康問題與成功道路上的障礙；與父親的關係問題，會導致你財務的損失。如果你處理了與父母的關係，克服你的傷痛，尋求他們的寬恕，突破就指日可待了。帶著感恩尋求父母的祝福，恩典就會透過他們流向你。

與父母保持良好關係，最重要的因素是什麼？

改善關係，意味著接納別人真實的樣子，不試圖去改變他們。如果父母過去傷害了你，寬恕必須發生。不是你寬恕了他們，而是**你發現沒有什麼要寬恕的；你明白他們無法為自己的所作所為負責。**這是由很多因素造成的，由整個宇宙造成的。你看到父母是完全無辜的，不管他們做了什麼，因此寬恕就發生了。

你必須記住父母也曾經只是個孩子，他也被他的父母傷害過；因此，傷害一代接著一代。可能你的曾祖父身上發生過傷害，再到你的祖父、你的父親，然後傳到你身上。傷害就是這麼轉移的。同樣的行為、態度，一再繼續下去。最終，如果你深入探討，沒有人有責任。

基本上，你必須知道，無論你的父母對你做了什麼，無論你贊不贊成他們做的，他們都不是蓄意造成的；他們被促使去做那些事情，因為他們被許多的因素控制。你必須瞭解你不過是個機器人。你是個機器人，你的父母也是個機器人。如果你可以看見這一點，你就不會再責備你的父母。他們對待你的方式，源自於他們在自己母親子宮內發生的事情、他們的根本童年決定、前世的習性與後天的制約等等。

如果你瞭解了這一點，接納就會來臨，愛就會來臨，關係就改善了。當你與父母的關係改善時，所有的事情都會改善。

但唯有當你真正接納自己時，這一切才是可能的。沒有接納自己真實的樣子，你就無法接納其他的人，所以永遠從你自己開始。接納自己，然後一切都會自動的發生。那份接納會指引你，它會成為你的老師、你的師父。

我與父母的關係很糟糕，要如何改善？

改善與父母的關係，最簡單的方法就是開始經驗他們。就像是你去到海邊，看著海洋中的波浪起伏、微風吹來，你會怎樣經驗它？或者你在吃一盤美味的佳餚，你會怎樣經驗它？同樣的，當你的父親大聲咆哮時，將它當作獅子吼叫般的享受它。

你必須開始經驗這些事情，那些對你而言，可能是痛苦的時刻，你必須開始經驗它們。這不是個困難的練習，我在印度見過成千上萬的人在一個月內就做到了。之後，別人沒有改變，但你改變了。

這就是我們必須開始練習的方式，**抱怨你的父母是沒有用的，你必須開始處理自己。**人們總是有處理別人的習慣。如此一來，你將一事無成。**你無法改變別人，你所能做的就是改變自己。奇妙的是，當你改變時，別人就會自動改變。**你只要等待一段時間。舉個例子，有個女人從美國到印度來找我們，她有與伴侶相處的問題，女人來到這裡，而她的丈夫遠在紐約。我們甚至沒有看到她的丈夫，他們的關係就產生了變化，因為每個人都是相連的。

在所有的關係中，別人並不重要。你只需改變自己的態度、感覺，與對他們的看法，並以這個方式改善你們之間的事情。與父母的關係，你唯一需要做的就是處理自己；因為你還沒有接納自己，還沒有愛上自己。當你這麼做時，你就會開始經驗你的父母，你就會接納他們，愛他們真實的樣子，而不是你希望他們成為的樣子，之後親子關係就會改善。

如果父母已經過世了，如何療癒與他們的關係？

如果你的父母已經過世了，你只需跪在他們的遺照前，對自己做過的所有傷害父母的事情，向他們**道歉**，並為所有父母曾對你做的好事，表達你的**感恩**。儘管他們過世了，這都會傳達給他們。你對他們說的話必須是發自內心深處的。當你這麼做時，一次就足夠了。

如果父母彼此關係不好，子女可以幫助他們的關係嗎？

當你開始以更多的愛與關心和父母連結時，奇妙的，你會發現他們開始以更好的方式與彼此連結。因此，子女藉著改善自己與父母的關係，就可以使父母彼此的關係更和諧。

你不應該譴責或評斷父母。如果你愛、尊重他們，你會發現事情就會自動解決。父母希望你做他們的孩子，你不該試圖建議、爭論或命令他們。如果你不帶抗拒的經驗著父母對你的支配，這會帶給你巨大的喜悅，這本身就會轉化你的父母。過一段時間之後，你就會看見父母彼此的關係改善了。

有時我覺得與父母的關係療癒了，問題卻又再次出現。

生命就是關係，**關係是很活生生的東西，我們並不是在處理一些死的過去。**因此我們必須瞭解的是，當我們談論與父母的關係時，並不是說你做了一些工作後，這就痊癒了。並不是這樣的，教導必須被正確的瞭解。

意思是你必須意識到問題，有問題存在；但人們沒有覺知到問題，沒有意識到問題。覺知並不是指單純的知識，而是像你手中握著一條蛇，覺知是非常強烈的。我們談的就是這種覺知，當你這樣握著某個東西時，它就痊癒了。這並不是說問題永遠消失了。如果你喪失了你的意識層次，它很可能會再次回來。

因此，當你越來越在意識層次時，療癒就在適當的位置上了，這是正確的。但是當你從覺知滑落時，問題就會再次回來。並不是說有個問題，你將它療癒，然後你就解脫了，並不是這樣子的，它是個活生生的事物。關係是個活生生的事物，生命是個活生生的事物，而生命就是關係；沒有關係，就沒有了生命。因此這一直都在進行著，它出現、消失，一段時間後它又會再次回來。它會一直出現又消失，就像是你內在的每個人格。每個人格輪流，出現、停留、消失，然後換其他人格出現。

你必須放棄說「我痊癒了」的概念，事情並不是這樣子的，你必須強烈的去覺知。**即使你覺醒了，如果在某個時候你喪失了覺知，問題就會再度出現。只是覺醒的人很快就會恢復覺知，覺醒會再次回來、覺知會再次回來，它會再次回到它美麗的狀態**，而你可能會一直滑落跌倒。

同樣的，你不應該假設一切都痊癒了。不，也許卡住的情緒減少了一些，僅此而已。如果你沒有覺知，它就會再退回來。所以**你必須學習在越來越大的覺知中待更久的時間**。也許剛開始時是幾分鐘，接著是幾個小時，後來可以連續幾天。它會這樣進行下去，然後覺知就會幾乎成為永久性的。它幾乎是永久性的，無論什麼問題都不會困擾你。當你有覺知時，雖然問題存在，但它們不會困擾你。當你沒有覺知時，問題才會困擾你。

所以你永遠不能說：「是的，我現在痊癒了。」也許你暫時覺得痊癒，那些卡住的情緒，或類似的感覺消失了。但如果你沒有覺知的話，它又會再次出現。

我常覺得無法瞭解我的伴侶。

人們關係的問題不僅在於夫妻，而是每個人都不斷試圖去瞭解、分析、評判別人，同時努力改變別人。在每一段關係中，我們都試圖去瞭解彼此，這到一個程度是好的；但再深入下去，你真的無法瞭解任何人。原因很簡單，因為有無數的因素在每時每刻創造一個人，從前世發生的事情、在母親子宮內發生的事情、成長過程中發生的事情、鄰近地區的人們、宇宙能量，一切都作用在那個人身上。他每一刻都在誕生與死亡，所以你怎麼瞭解那個人呢？這是不可能的。去瞭解的努力是徒勞的，因為在你瞭解某件事情時，它就改變了。

試圖瞭解就像是在剝洋蔥，什麼都不會留下來。如果你看見了瞭解的徒勞，它就會自己停止，取而代之的是經驗別人的藝術。**就像是吃東西，你不會試圖去瞭解食物，你只是經驗它。**一旦你開始經驗別人，無論你的丈夫是誰，無論你的妻子是誰，這都無關緊要，只有喜悅、喜悅與喜悅，經驗的本質就是喜悅。因此，**在關係中最好的方式是去經驗那個人。**當丈夫回到家發現妻子在對他大叫，他必須像是觀賞電影或喝果汁般的經驗她。發生了什麼？她為什麼會這樣？她為什麼有這樣的性情？這些是無法被瞭解的。請記住，試圖去瞭解就像是剝洋蔥。

就是經驗那個人的變化。現在他很平靜，下一刻他變得暴力，再下一刻他又變得很善解人意，再下一刻，他說了一些謊言，所以他一直都在改變。

無論發生什麼，你只須經驗所發生的，放下判斷與批評，經驗別人，你自然就會瞭解該如何回應。

為什麼伴侶之間的愛會隨著時間變淡？

你說的愛與我說的愛是非常不同的。當我說「神就是愛」，這個愛與當你說「我愛我的妻子」大不相同。頭腦所提出的，都會受某些法則所支配；我說的愛不是源自於頭腦，因此它們是非常不同的。你說的愛是「我的妻子、我的兒子、我的女兒」。自我牽扯了進來，自我會受某些法則所支配，這些法則是什麼？

一個基本的法則是，你會因為讓你上升的相同東西而墜落；因此透過這個「愛」上升、茁壯、成長的連結，必然會逐漸消散，瓦解。它無法逃脫這個法則。這個「愛」和吸引力將不再有吸引力。依戀將成為一種負擔。它必然會發生，它會消亡。

就像一顆種子長成一棵樹，樹也成為種子。也就是說，樹在一個季節開出花朵與結成果實，然後它就枯萎了，所有的事情都有週期性。如果你透過狂熱增強，你也會透過狂熱消亡，這一切都具有週期性。因此當你被一個女人吸引時，那種吸引力是依戀、占有、利用，這就是你所說的「愛」。它發生，開花，然後也必定會自然消亡。

這一切都是沒有問題的，我沒有看到有什麼不妥。但如果你發現我們所說的那種愛，那是永恆的，當然它就不會受到這些週期所支配，因為它不是自我中心的。**你們的愛是自我中心的，任何自我中心的都會在週期中循環，它們的陰陽會替換，它們會不停的打轉。**這就是為什麼當人們告訴我：「我們曾經相愛，但是現在我們不愛彼此了。」我只是問他們：「多少年？」「兩年，四年，七年。」

「我們可以做些什麼讓愛不會結束？」這完全不令人驚訝。當然我們可以做某種具有傷害性的控制，但魅力還是消失了，除非你很成熟，就可以用不同的方式看待對方。

現在，你必須找到其他的理由來依戀這個人，你必須在這個人中找到一些更新的東西，那你就得到了新的延長方式。但舊的東西消失了。舊的東西必須消失，因為頭腦已經習慣了，一旦頭腦習慣了，就不會再有興趣，頭腦就將它拋棄了。頭腦需要持續「變成什麼」，持續的挑戰。唯有如此，頭腦才能生存下去，這是頭腦的性質。這性質在過去兩百萬年來都沒有改變，它是完全相同的，必須持續「變成什麼」。而現在我們所說的是「如是」(being)，這是非常不同的。你卡在更多的「變成什麼」中，就是不斷的「變成什麼」、「變成什麼」、「變成什麼」。

你必須確實的適應這個改變，現在你愛你的妻子，是因為她年輕、美麗。你愛她，是因為她很聰明。你愛她，是因為她很有錢。你愛她，是因為她一直服侍你。因此，你必須持續有智慧的改變，這就是處理這整個情況的方式。

如何擁有完美的伴侶關係？

毫無衝突的關係或完美的關係，在現實中並不存在。生命是個動態的力量，它提供了每個人廣泛的經驗。一段從來沒有爭執、口角或憤怒、一直都是表達愛與情感的理想關係，只能在一個人的想像中找到。

你已經試了許多方法來改變你的伴侶，透過保持沉默、反擊、建議，或是透過表示愛與關懷，甚至透過離開，但可悲的是預期的改變往往沒有發生。**試圖改變你的伴侶，你是在無意識中暗示他沒有好到可以被愛。**這種傷害導致了關係中的距離。

如果你幸福的關鍵在於希望看見別人改變，那麼你將有一個非常困難的代價要付出，如果不是不可能的話。試圖透過改變伴侶，打開的幸福之門，不過是個幻想。

相反的，**允許別人做自己是和平關係的典範**，這唯有當你明白試圖瞭解彼此是徒勞時，才有可能。

你的觀點和想法可能對你看起來很好，但期望你的伴侶也必須採取同樣的框架就會導致了問題，沒有兩個人可以一直都是意見一致的。你是多種因素的合成經驗，例如你出生的過程、童年、天氣、你吃的食物。對你的伴侶來說，也是一樣的。每個人都是獨一無二的，因此期待你的伴侶有同樣的看法是不明智的。當你明白這個真理時，你就會開始經驗你的伴侶，這帶來了喜悅。

例如當你的妻子對你生氣，如果你可以真的與她連結，並且如同享受清晨散步或喝一杯咖啡般的去經驗她的憤怒時，將會是你婚姻生活中最令人滿足的一刻。**當你接納與經驗你的伴侶所是的樣子，這就是愛的開始。**

關係可以透過改變行為而改善嗎？

我們的目標並不是改變行為，而是改變你經驗事物的方式。我們每個人的頭腦中都攜帶了很多操縱與控制著關係的故事。它們必須被經驗，然後傷痛就消失了，不再干擾著你。當傷痛消失了，關係自然會變得和諧，對方看起來就會很不一樣。

有許多人來向我抱怨，說他們想跟老婆離婚。他們說：「我真的很不喜歡她，我不喜歡她的外表，我不喜歡她的膚色，我不喜歡她的牙齒。」一旦他們傾聽了頭腦中的故事，並接受合一祝福，相同的人就會與老婆墜入愛河，關係就被療癒了。

生命初期的經驗對我們的人生有什麼影響？

你的整個生命都一直被程式控制著。你只是一部電腦，你沒有意識到這一點，你是部電腦。一般的電腦進行線性處理，而你的大腦以慢得多的速度進行平行處理。電腦快速許多，你比較慢，但你的優勢是進行平行處理。當電腦進行平行處裡的那一天，它們就會變得像人類一樣有意識。因此你不過是部被設定程式的電腦。

你的程式從受孕的時刻開始，在母親子宮內發生的事情，一直到你六歲，就是所謂的初級程式。這裡有你生命的祕密、你的壽命、你將與誰結婚、你將擁有什麼樣的生活，是冒險或平庸的生活，是偉大或平凡的人生，一切都在這裡決定。

六到十二（或十四）歲之間是次級程式，這期間你得到一些價值觀。從十四歲到其餘的人生是三級程式，這期間只是你所學習的。初級程式是最強大的，次級程式次之，三級程式再次之。

這三項程式加起來，控制著你的生活。如果你希望在生活中有真正的改變，你必須改變初級程式，然後次級程式與三級程式就很容易處理。

假設你與伴侶的關係有問題，你可以做一定程度的心理學練習，你可以要求丈夫更體貼他的妻子、更愛他的妻子。如果這是他程式的一部分，他也許就會這麼做。否則的話，再多的心理學、再多的教導，都不會有用。在這種情況下，我們必須進入你的程式，將它改正。沒有問題是不能解決的；如果它不能解決，至少可以化解，不再影響你。

要解決這些問題非常簡單。你所要做的是進入昏昏欲睡的身體狀態，在清醒與睡眠之間的狀態，這是你睡眠時必須經歷的中間狀態。你進入昏昏欲睡的身體狀態，然後才進入睡眠。與此類似的是，你剛起床，離開睡眠，也是先進入昏昏欲睡的身體狀態，然後才進入清醒狀態。在一天中的任何時刻，藉著放鬆身體，你就能進入這個狀態，然後你要接受合一祝福。

接受合一祝福時，對你的神說：「請告訴我，我卡在那裡？」你的神會將它像影片般播放給你看，告訴你卡在哪裡、你怎麼了、在什麼時候、以什麼方式，以及為什麼發生這種情況。如果你看得很清楚，問題就得到解決了。有時候即使你看到了，問題依然沒得到解決。那你就請求：「我的神，請改善它。」你的神就會給予你一個全新的體驗。當程式改變時，你就能在現實生活中得到效果。有時效果會在二十四小時內發生，有時是四十八個小時，有時則是一個月。隨著程式改變，你的生活就會改變。

身為母親，要如何愛孩子？

在談論你的孩子之前，想成為一個慈愛、善良、正確類型的母親，你必須先導正自己的程式。要如何辦到呢？藉著運用看見自己內在的這個工具。為了導正你自己的程式，最好的方法就是看見內在。如果你看見自己的內在，你就可以導正自己的程式。

一旦你看見自己的內在，你就會知道自己是誰，然後你就會知道你的孩子是誰。**除非你知道自己是誰，否則你不會認識你的孩子。除非你知道自己是誰，否則你不能接納自己。**如果你不能接納自己，你就不能接納你的孩子。你認為自己接納了，但實際上並沒有，這是你與孩子之間的問題。如果你接納自己，你就會愛自己。如果你愛自己，你就會愛你的孩子。

一旦你發現對你孩子的愛，並開始給予孩子愛，無論孩子的程式是什麼都會被改正，孩子就會改變，你就會有個很棒的孩子。因此，你必須從自己開始。

當胎兒還在母親子宮內，身為父親可以做什麼？

父親基本的角色，是必須**讓妻子非常快樂**，而妻子必須對丈夫有很好的想法。

我遇過一個很喜歡嘲笑別人的女生，假如她與你說話，她就會嘲笑你，讓你覺得自己很糟。後來我們發現這個人會這樣，是因為當她在母親子宮內時，她的父母關係不好，於是她母親心想：「我一定要生下一個會傷害這男人的孩子，因為我傷害不到他。」於是這個孩子誕生了，父親如往常一樣暴力，他的言語很暴力，但孩子經常嘲笑他的父親，父親的信心就被摧毀了。

所以你看到丈夫與妻子的關係，如何影響在子宮內的孩子。現在孩子長大了，成為一個喜歡嘲笑人的女生，她常與人發生摩擦，與別人的關係不良。她是個很好、很聰明的人，但就是喜歡嘲笑別人。人們無法容忍她，因而她的生活在某些方面被毀壞了。

這就是為什麼丈夫首先必須要使妻子快樂，一個不快樂的妻子會生出一個有問題的孩子，因此她與丈夫的關係是非常重要的。她與其他人有良好的關係，也同樣重要。另外一點是，**即使孩子是在子宮內，父親仍然可以與孩子說話。他可以每天坐下來對孩子說良好、正面的話**，像是：「你是多麼棒的孩子啊！你將成為一個偉大的人。」「我等待著你，歡迎來到這個世界！」這些話將被孩子記錄下來。孩子可能不記得了，但這將塑造孩子的生命。孩子在未來將做什麼，可以在子宮內決定。父親在此時是更重要的，如果你想決定孩子實際的未來，你必須坐在妻子旁邊，與孩子說話。

你對孩子剛出生的那一刻有什麼建議？

當孩子出生時，可以用意圖給予孩子合一祝福。周圍的人可以對孩子說好話，像是：「你好美啊！」「你多令人讚歎啊！」「你多麼幸福啊！」你們可以對孩子說這些好話，彷彿這些事情已經發生了。譬如你們可以說：「噢，你是如此美好！」「噢，你是最棒的！」「噢，你真是富有！」你們可以對孩子說出這些正面的陳述，彷彿他是個完全長大的成人。你可以說出這些話，或只是在心中想著這些事情。你可以在心中想著：「你是多麼美好的孩子啊！」「你是多麼棒的孩子啊！」「你是多麼美麗的孩子啊！」「你真是偉大啊！」

無論想對孩子說什麼話，可以實際說出來，或者只在心裡說。當這麼做時，這些話語將成為孩子生命的程式，孩子的人生將依循這個程式，確切的依據你對於孩子的想法展開。

當小孩在青春期時，如何與他們在家庭中有幸福的生活？

每個父母都必須知道一些小孩生命發展的基本心理學，當小孩在五歲、十歲、十五歲、二十歲時，他們有不同的思考、感受和行為方式。每個人都必須有這方面的知識，因為很多的謎都是源自於此。小孩叛逆，不聽你的話，不服從你，不與你說話，這一切都是受到生理所控制的。

當你知道這點時，一半的問題就消失了。另外一點是，**對待小孩時，你必須成為一個小孩，將自己放在小孩的角色中。**想想當你五歲、十歲、十五歲時的日子，你就會知道如何對待你的小孩。與孩子連結最好的方式，就是有時自己成為孩子。

另外一點是，**不要將小孩當作小孩來對待**，把他看得渺小、微不足道，或是看扁他，而**要將他視作與你平等的**，以這樣的態度對待孩子，這點非常重要。

你必須做個好父母，意味著你內在必須沒有衝突、恐懼和焦慮，你必須是個整體，你內在絕不能是分裂的，你必須保持完整。你必須看見自己本來的樣子，愛自己本來的樣子，接納自己本來的樣子，這是你可以對自己做的。之後無論你做什麼，對小孩都是完美的，小孩會忠實的回應你。但如果你內在不和諧，你可能會做些努力，但你只是做做樣子、假裝、做出某些行動，這是不會有任何成果的。小孩會成為你內在的樣子，你騙不了小孩。你必須轉化自己，才可能對小孩創造奇蹟。

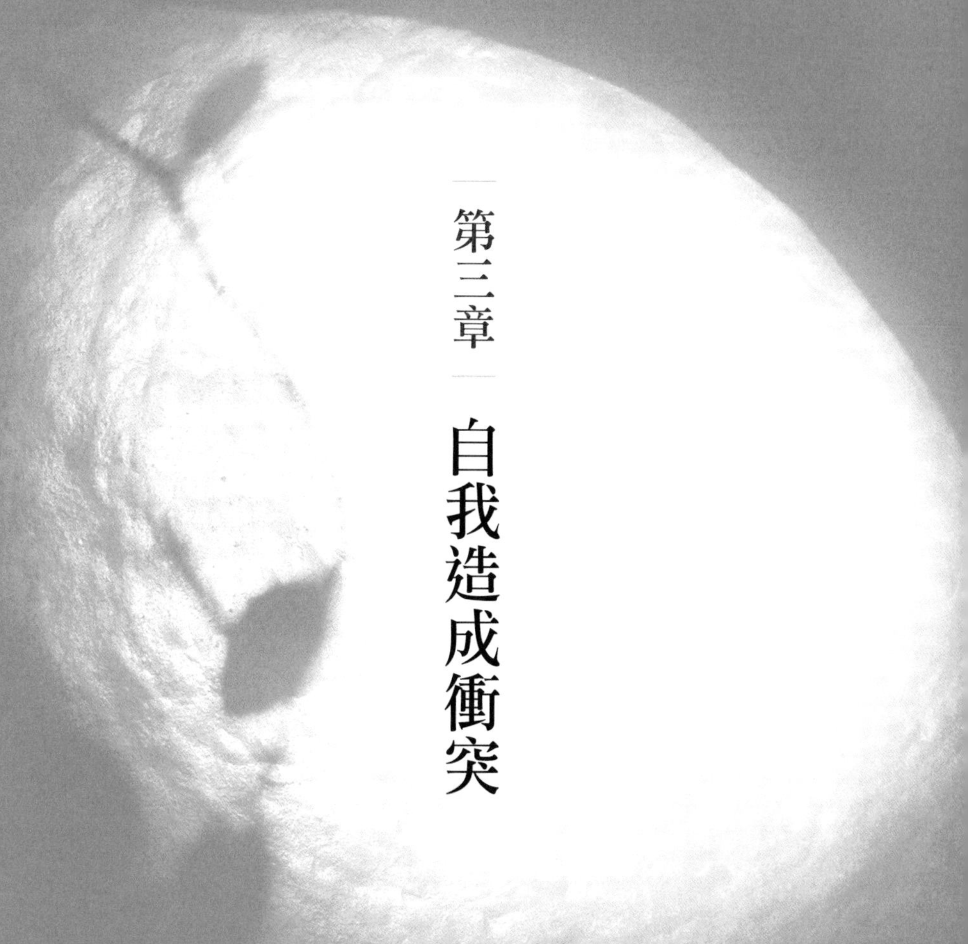

第三章

自我造成衝突

自我創造出分離感。你內在的問題、家庭的問題、國家的問題，以及世界上所有的問題都是分離感造成的。

唯一的解決之道是覺醒，當你覺醒時，分離感就消失了。

巴觀說：「分離感是一切痛苦的根源。」自我（self）所形成的分離感，在人類的內在創造出恐懼，隨著恐懼而來的是嫉妒、憎恨、比較、憤怒等負面情緒，往往在家庭與工作場所中的各種關係裡如實的反映出來。因此，我們總是努力證明別人是錯的，努力控制與支配別人。只要有分離感，恐懼、不安與內在衝突的感覺就會存在。

當一個人覺醒時，他的意識就會擴展，不再感覺自己與周圍的人事物有所不同。

以建設性的方式表達自我

個人的所有努力都可以歸類為兩種類型，一種是**表達自我**的努力，另一種則是**滿足自我**的努力。巴觀說：「表達自我沒什麼不好，實際上，這是必須的。」每個人都有表達自我的持續需求，我們表達的愛、表達創造力、表達真正的感受，這就是為什麼在我們的生命中，關係與工作如此重要，正是透過工作、藝術、成就與自身的關係，我們才可以真正的表達自己。

工作、藝術，每一項都是呈現我們內在事物的途徑。這些表達要不是破壞性的，就是建設性的。**每當我們是以破壞性的方式表達自我時，那是因為我們無法消化自身的傷痛，無法與自己有良好的關係，我們還沒有整合了自己的各個面向。**生命一直在給予我們挑戰，如果我們無法承擔生活中的挑戰，我們的內在因而破碎了，表達自我的方式是來自於還沒有被消化的面向，我們的表達就傾向於具有破壞性與傷害性。

當我們感到憤怒時，我們不知道如何處理憤怒，於是在關係中將憤怒表達出來，對我們的家人、親近的朋友、甚至陌生人發怒，結果卻傷人傷己。因此，學習以建設性的方式表達自我非常重要。

建設性的表達自我，不是壓抑我們痛苦的面向，而是**學習以全面性的方式處理痛苦，表達自然的就會變得建設性**，甚至能以不造成傷害的方式表達不愉快，能以和諧的方式傳達不舒服。而當你真的是表達愛時，你能以同時滿足自己與別人的方式來表達愛。這是關於表達自我的部分，另一部分則是滿足自我。

以健康的方式滿足自我

我們內在總是有股空虛感，這使我們感到不安全。每當我們失去任何事物，無論失去的是身分、地位或是一段關係，或僅是對失去任何事物的恐懼，其實我們真正感受到的是自己變得沒有價值、微不足道、無足輕重。我們持續與變成「零」的恐懼抗爭，一直與變得沒有價值的不安感抗爭。這就是為什麼我們總是有滿足自我的需求。

自我是自然的發生。一切誕生的，最終都會消亡。自我出現後，為什麼它在整個生命中依然存在？為什麼沒有自然消失？

這類似於當你餓了，你總得找到一個方法來填飽肚子，滿足飢餓感。忽視自己的需求，不給身體食物，會導致身體的問題，最後身體可能會死亡。當自我被滿足時，當它成為一個健康的自我時，它會發生什麼？健康的自我的未來是什麼？得到滿足的自我，健康的自我最終會消亡，消亡是它的未來。

與此相反的，一個生病的自我就會永遠存在。採取自然過程的萬事萬物，只要實現了它的目的，最終都會死亡。就像一朵花，它生長、綻放、然後枯萎。

在巴觀小時候，他對朋友說：「我們有這麼多的假設。這是不好的，那是錯誤的。」「自我中心是不好的與錯誤的。」當你有自我時，你要如何擺脫自我中心？你要怎麼做？這是很自然的事情。

否認越多，**與你的自然自我不斷抗爭，它就會持續越久**，因為它會拚命的想生存。亙古以來的問題，一直是不斷努力想結束自我。我們被自身的文化與宗教制約，相信我們需要消滅自我，或至少讓自我屈從。**自我一直被描繪為邪惡的，所以在無意識中，我們都想結束自我。**

我們不斷的監測自己，監測自己是無私還是自我中心、自己是對或錯、完美或不完美……我們認為「無我」，才是好、才是正確，我們都被制約要與自我抗爭，最終成為無私的人。我們一直都在勤勉努力想去結束自我，這樣做的結果是什麼呢？自我會持續下去，自我會做任何它生存所需要做的。於是自我變得更加強大，這造成了更多的痛苦，更多的受苦。

相反的，如果你允許自我表達出來，不去否定它，那麼你就會有一個健康的自我，能夠擁抱生活、享受你所擁有事物的自我。因此，**如果你讓自我自然的生活，不去抗爭與否定它，它就會像一朵花，綻放與最終枯萎**。

我們透過工作、透過偉大的成就、透過各種形式的生命經驗、透過享樂，來滿足自我。當我們努力滿足自我時，我們也可以站在別人的位置上，以對他們有益的方式來滿足自我。你永遠無法結束自我，因為那渴望正是讓自我持續的燃料。努力與不斷的抗爭，使得它不顧一切的求生存。健康的自我才不會搞怪，它不會給別人造成麻煩。當你有了這份瞭解，你就再也沒有理由去與自我抗爭，你不會對它感到羞恥，你允許自我經歷自然的過程。這就是自我成長與消失的方式，這是自我自然的演化。

自我的形成

我們所有的經驗都是透過自我，自我是個強烈的存在感，使我們與其他的人事物分離。因為自我是不斷成長與演化的，自我經過很長的時間發展成現在的狀態。

我們可以從兩個方面來談自我的形成：

1. 生理自我

2. 心理自我

生理自我：

當你剛誕生進入這個世界，經驗生活時，當時你所經驗的現實與你現在所經驗的現實非常不同。對嬰兒而言，並沒有別人，他完全沒有分離感。無論孩子看到什麼、聽到什麼，或經驗到什麼，都是他的一部分。這不是他的觀點，而是他實際的體驗。如果他經驗到一棵樹，他認為自己就是樹。這是孩子的世界，與一切合一。

到了兩歲左右，分離感就產生了，也有了「自我」的感覺，這對小孩而言是非常痛苦的。孩子在那一刻失去了天堂。當自我產生時，覺得一切突然與自己分離，是個嚴酷的經驗。

你現在經驗到一個連續感，有個「人」存在的感覺，這是你現在所經驗到的。你的經驗是彷彿有個「人」存在，在過去幾十年的時間中，這個「人」一直持續存在。我今天早上在家，現在我在這裡。感覺到一個連續的自我感。我當時在那裡，現在我在這裡，之後我將又在那裡。這連續的自我感造成了世界上的分離感。

這種生理自我是如何產生的？這是大腦的頂葉所造成的，這是一個促進因素，**感官協調速度的增快造成了自我**。當感官以非常高的速度協調，也就是當它加速時，你就會感覺到自我。當它減慢時，你就感覺不到自我。就像你開車到某些大城市，你會看到「暢飲可口可樂」這類字眼的廣告跑馬燈。這些字母看起來是移動的。但當你越開越近時，你會發現實際上沒有什麼在移動，只有燈光在閃爍，它給了你字母彷彿在移動的錯覺。

這類似的情景也發生在我們看的電影，一輛車以非常快的速度奔馳著。譬如《〇〇七》電影中，一輛寶藍色的保時捷跑車，在機場跑道上高速追逐一架即將起飛的飛機。英雄突然跳下跑車，攀上飛機的車輪，設法進入機艙內。最後他開始與飛機上試圖征服世界的壞人打鬥。他解救了被綁架的總統，在殺光飛機上所有的壞人後，他與總統一起以降落傘跳出飛機，降落在海上。當船抵達時，英雄又繼續在海上與壞人搏鬥。

無數的畫面形成電影，因為電影以每秒二十四格的速度放映，所有這一切都以連續的動作發生，跑車、飛機與打鬥。如果電影只以每秒三格的速度放映，你會看到什麼？你會看到車子、馬路、車子、英雄、飛機、車輪、英雄、飛機。你只會看到片段，而不是連續的動作。但看電影時，你卻有連續動作的幻覺。當感官也以很高的速度在運作時，你就會感覺到一個連續的自我。當我們將感官協調減慢時，就會突然經驗到自己為片段。

巴觀說：「真實的情況是，當我們看時，我們就聽不到；當我們聽時，我們就看不到；當我們聞時，我們就觸摸不到；當我們觸摸時，我們就嚐不到。因此感官其實是獨立運作的，但是它們快速的協調著，看起來好像它們都同時運作，分離的幻相就是這樣造成的。**在覺醒過程中，感官協調的速度放緩了，當它稍微**

放緩時，自我就消失了，分離感就消失了，存在的只有『一』。」

這是生理自我，生理自我是心理自我的基礎。

心理自我：

心理自我有幾個面向，讓我們來看看它的四個面向：

- 控制者
- 思考者
- 想變成什麼
- 自我意識

巴觀稱這一切為自然的自我，因為它是自然產生的，不是一個錯誤，它是進化的過程。我們不能防止孩子大約在兩歲左右時產生自我。頭腦的自然狀態是，當一個人誕生時，自我是不存在的。但之後自我出現了，唯有當自我出現時，生存所需的學習才可以發生。當孩子長到十八、十九歲時，自我應該消失，人們應該自然活在覺醒的意識狀態中，但由於種種的原因，這沒有發生。在十八歲時，不滿足的感覺浮現了。你是否曾注意到，當你在那年齡時，生命看起來很虛假，某些事情很令人惱怒。在這之前，這問題是不存在的，然後你開始質疑：「生命的目的是什麼？我為什麼活著？我為什麼不能死？」

在十八到二十三歲之間，自我應該消失掉，因為週期完成了。它自然的產生，又自然的消失。問題就在於自我沒有消失，使得人類卡在分離感中。分離感是世界上所有問題的根源，從你的家庭、人際關係中的問題，到歧視、恐怖主義與戰爭，分離感在所有的層面（家庭、國家與國際），影響我們。「我」與「非我」的感覺，是所有問題的根源。

什麼阻礙了自我的消失？

◎「控制者」自我

這是每個人內在的需求，追求享樂、避免一切痛苦的需求。我們一直在計畫如何不惜一切代價避免痛苦。在每段關係、每個情況與經驗中，我們都在計畫如何避免痛苦，找到快樂與幸福。這是追求快樂、避免痛苦的內在需求。

◎「思考者」自我

是否有個在思考的思考者？有個人真的在思考嗎？你有見過他嗎？你確實感覺到好像有個「人」真的存在，但你曾看過任何在思考的人嗎？有個容器嗎？有經驗與思想存在，對吧？或者它僅是思想的「流」？讓我們想像一下，有個「人」在思考，經歷這個過程，彷彿「人」真的存在。如果你突然受到一個強烈的衝擊，思想消失了，你就會察覺到「你」也消失了。當思想存在時，「你」也存在。因此，當「你」不存在時，思想也不存在了。假設你畫一個圓圈，圓心就會自動出現。思想發生時，它自動創造一個思考者的幻覺。沒有思考者，只有思想在發生。這是一個巨大的幻相，我們往往相信真的有一個思想圍繞著「他」發生的思考者。

◎「想變成什麼」的自我

這種自我有對於重要性、成為重要人物的渴求。我們在家裡，工作上，社區中，都希望成為重要人物；我們都有成為某人的渴求。這種對於重要性的渴求，就是「想變成什麼」的自我。

◎「自我意識」的自我

「自我意識」的自我玩著六種遊戲，這六種遊戲分別是：

● **支配**：支配別人是一種使自我生存的自然遊戲。我們通常藉由說「我們是父母、伴侶、領導者、雇主、管理人員、一家之主」等來支配別人。我們作為家長或身處領導者的位置，提供了我們經常支配別人的藉口。我們的頭腦常以關心我們所屬的組織或以關懷別人作為藉口，巧妙的讓我們去支配別人。在許多的關係中，常常都沒有意識到自我這種微妙的干預。

- **拒絕被支配**：我們必須清楚的瞭解到是自我在拒絕被支配，這是自我所玩的另一種微妙與危險的遊戲。
- **我是對的**：我們的自我總是想證明：「我是對的。」一次又一次的，我們會爭辯或試圖證明自己是正當或正確的，我們做很多的解釋來證明這一點。
- **你是錯的**：這是上述方式的另一面。正如我們證明自己是對的，我們也證明對方是錯的。這不過是自我在我們內在所玩的遊戲。
- **掩飾**：我們經常藉由評論別人或挑剔別人的過錯來掩飾自我。我們要清楚覺知到是自我在挑剔別人的過錯。我們在這裡談的不是實用性和功能性的錯誤，而是批判與指責別人的特徵，或將別人貼標籤。
- **為生存抗爭**：最終，自我意識為了生存，會使我們認為它並沒有在玩上述的遊戲。自我總是會自圓其說，使我們認為自己並沒有受到自我的約束，或這種自我中心的方式是絕對正確的。

覺知自己對重要性的渴求

一隻愛說話的烏龜聽到兩個獵人說，他們計畫隔天去捕捉烏龜。當獵人離開後，烏龜請求兩隻鶴幫助牠逃跑。「美麗的白鶴，」牠說：「如果你們咬著一根長棍子，我就可以緊緊咬著棍子中間。然後你們飛起來，帶我到安全的地方。」「好主意。」鶴說道：「但是要讓計畫成功，你必須持續緊緊咬著棍子，不能說話。」烏龜同意了，緊緊咬著兩隻鶴中間的棍子，讓鶴帶牠離開。

當兩隻鶴咬住懸掛著烏龜的棍子在天上飛翔時，有些在地面上的人抬頭看到天空中奇妙的景象，說道：「多麼聰明的鶴啊！牠們想出了運送烏龜的方法。」驕傲、愛說話的烏龜大喊：「這是我的主意！」然後，烏龜就摔到地上了。

這就是對於重要性的渴求，因為你是個「無足輕重的人」，所以你想被家人、朋友與社會接納。當有人注意你時，你就覺得自己是個重要人物。基本上，事實上你是「零」。**當你意識到自己是「零」時，就是自我的死亡**。而自我不想死亡，透過尋求重要性，自我就可以存活下來，它被加強了。

其實，沒有「人」存在。**自我認同事物，試圖去感到重要。它認同名譽、聲望、地位、技能、才華與美貌等，這認同給了你力量的感覺，一切都在我的控制之中的感覺**。

過度渴求重要性，也可以稱為權力狂熱。權力狂熱者不希望權力下放，他想擁有所有的權力，總是「我」、「我」、「我」。此外，當家庭中有這種人時，是一種折磨，因為大部分的對話都會轉為爭執。你想要取得一個和平的對話，激烈的言辭卻馬上就出現了。他們只能視之為權力鬥爭，誰是重要的？誰的決定被認可？不是「什麼」決定，而是「誰的」決定。

另一方面，也有假裝脆弱、假裝沒有力量的人。你會發現總是在自憐的人，「哦，我真可憐，我從來沒有得到任何東西。」「我犧牲了這麼多。」等等。他們藉由假裝沒有力量來成為有力量的。還有一些人巧妙的努力成為具有重要性的人，例如，他們覺得自己在價值觀與文化方面優於每個人，特別是關於靈性方面。有些人覺得他們較瞭解教導，比其他人更瞭解哲學。有的人認為他們的狀態比其他人更好。在靜心時，他們試圖傳達自己多麼真誠。你也會遇到誇耀自己參加過幾次靜心營、閱讀過多少本靈性書籍的人等。人們試圖以各種方式顯示自己是多麼的特別。

當你沒有重要性，或沒有以你希望的方式成為重要的人時，你更無論如何想成為重要的人。你通常藉由傷害別人、操控事物，或以流言蜚語和散布謠言來滿足這個渴求。在這種情況下，你的內在世界承受著痛苦和衝突。由於大多數的時候你都是自我迷戀的，你變得無法與別人連結，變得不敏感、不明智。

這種**渴求的其中一個原因是，在內心深處，你並不愛自己，因此你尋求別人的接納**。你希望別人來告訴你：「嘿！你看起來很棒，你太棒了！」當別人欣賞你、讚美你，注意你的美麗、技能與能力時，你就覺得「還好我內在有東西是值得被愛、被關注的」。有一個短暫的片刻，你對自己感覺很好。這種需求基本上是因為你沒有接納自己的樣子。這就是為什麼你希望別人承認你，這可能從選擇你的領帶，到在會議中提出一個想法，或建議度假的適合地點，或做出任何貢獻。你做的所有事情，都是在尋求別人的認可。

巴觀說：「你必須覺知到對重要性的渴求，請注意，不是你必須免除這種渴求，你只是必須覺知到你對於重要性的渴求。」

你無法阻止這種對於重要性的渴求。你可以做的是，覺知到這種渴求。當這種需要浮現的時候，將注意力放在它身上。直到你覺醒了，覺知是唯一的解決方法。

自我意識破壞關係

為什麼人們經常在指責彼此？是什麼阻礙了我們，沒有把關係視為促進轉化與成長的學習經驗？是自我意識（ego）。我們稱它為「嚴重超載的邪惡」，因為它不斷破壞你的關係。說它嚴重，因為它絕不是輕微的，它運作的方式是很明顯的，但要克服它似乎很困難。說它超載，因為它滲透了我們生活的各個面向。

什麼是自我意識？巴觀說：「自我意識指的是自我的六個特定遊戲。自我意識是自我的功能屬性。」自我意識也是自我的表達，是特別沉溺於六個自我意識遊戲的自我的複雜形式。自我意識的六個遊戲是：「支配」、「拒絕被支配」、「我是對的」、「你是錯的」、「掩飾」、「為生存抗爭」。

現在，讓我們看看在我們的關係中許多「自我意識」的分枝。

支配

肖布哈納對於結褵二十年的妻子感到很沮喪和生氣。他的妻子是一位個性溫順的女人，將自己的生命奉獻給丈夫與孩子。丈夫的話就是他們家的規則。肖布哈納習慣每件事物都依他的方式進行，無法容忍任何的不順從。但現在出乎意料的，他的妻子想要獨立，說她也想過自己的生活。她追求自己的利益，並開始表達她對每件事情的意見。這幾乎就像她不想再聽從丈夫的話了。他越堅持他的觀點，妻子就越是爭論和反抗。他不再感覺在控制之中，他一點也不喜歡這樣。

很多時候，唯有當我們控制關係時，我們在關係中才會感到安全。我們希望別人一直都聽從我們的，我們希望自己的想法和意見一直都被接受。我們一直都覺得需要「被需要」，這導致我們在關係中有支配別人的傾向。

人們藉由各種的方式支配別人：

• 直接支配

這種支配沒有會傷害到別人的顧慮，或是去顧慮別人的感覺與意見。它透過暴力來支配，會威脅到別人的安全與生存。我們是不是聽過父母對他們的孩子說：「只要你和我生活在一起，你依賴我，你就要聽我的話。我是你爸爸，我知道什麼對你最好，所以你要聽我的話，不然你就滾出去，過你自己的生活。」我們不是都聽過伴侶一直為了雞毛蒜皮的問題爭吵，發出最後通牒：「我是一家之主，如果你不喜歡，那你可以離開。如果你想要和我一起生活，你就要照我說的去做。」在面對威脅時，讓別人屈服於權威，但你可以想像這種關係脆弱的狀況。

●以卑躬屈膝的方式征服

有些人喜歡每個人欣賞他們的謙虛、善解人意與富有同情心。實行這些謙遜，是另一種自我的遊戲，其實是用卑躬屈膝的方式來征服對方。你利用說服、操縱和控制，一直維持著你只關心別人福利的形象。

●透過罪惡感來支配

當你無法直接控制別人時，你就運用「微妙的罪惡感」當武器，達成你的支配。藉由讓別人感到內疚，讓別人必須為對你造成的嚴重傷害感到懊悔和遺憾，因此對你的願望低頭。我們不是都聽過人們怒氣沖沖的說：「我為大家做了這麼多的事，卻沒有人聽我的話。」或「我在這裡只是個奴隸，沒有人尊重我的話。」等等，而後離去。

拒絕被支配

一方面，我們希望支配別人；另一方面，我們反抗別人對我們的支配。我們希望在每個議題中擁有控制權，並在別人做同樣的事情時反抗。同樣的，我們透過操控或施加罪惡感，運用直接拒絕或微妙拒絕的相同策略。

我是對的，你是錯的

當你和某人連結時，你特別可以看見這個。在談話過程中，你不是試圖比別人好，就是不允許別人比你好。你會以各種的理由、邏輯、例子與資料，證明你是對的，而別人是錯的。你不願意從別人的觀點來看事情。

但當衝突沒有友好的解決時，會發生什麼？當一個人堅持獲勝，另一個人屈服，只為了維持和平時，會發生什麼？你不是個贏家，就是個不情願的輸家。在這兩種情況下，你都認為別人是錯的。畢竟如果你認為別人是對的，那一開始就不會有爭執了。不幸的是，以這種方式結束的爭執，阻礙了我們想從友誼與家庭關係中得到的東西，也就是親近、愛、尊重與瞭解的感覺。但如果我們讓對方贏，只因為那個人是苛求的，或我們不知道如何更好的表達自己，使我們的立場被瞭解，那我們之間的距離一定會增加。即使贏了，後果通常是慘痛的，愛與友誼的結構會出現裂痕。一旦出現裂痕，它只會有越來越多的裂痕，直到關係完全的破裂。

掩飾與為生存抗爭

當有人指出你的錯誤時，你會有什麼反應？當有人試圖改變你的想法時，你會有什麼反應？你會馬上變得沒安全感，接著就是一大堆的戲劇。

這種為生存的抗爭一直都在發生著。最後如果事情不依你的方式發生，你就會說一大堆的理由掩飾錯誤，將事情合理化，不承認事實。「我這麼做是因為我愛他。」「我這麼做是因為……」都是各種合理化。你可以在你的關係中看到這個。

最後你的自我失控了，你不斷的受傷，又無法寬恕別人，你變成了一個不敏感的人。當你不斷受傷時，你的想法就會變得自我中心。在你內在有很大的衝突，這導致能量的喪失，最後你就會失去平靜。

自我意識也會導致喪失智慧。一個自我中心的人無法傾聽別人，因此無法學習。他無法看到別人的觀點，無法得到新的洞見。隨著時間的推移，他將變得越來越愚蠢。換句話說，就是喪失智慧。一個自我中心的人無法得到洞見。

自我主義者往往也會對每個議題變得固執己見。最後，誰對誰錯，誰的意見被接受、誰的意見沒被接受，成了突出的議題；最初的重要議題就遺失了。自我主義者沒有改變立場的自由，而沒有自我的人可以依據他們得到的清晰瞭解，改變立場。

一個人要如何從自我意識解脫？巴觀說：「當你覺知時，就可以從自我意識解脫。」覺知到自我的活動就是從自我解脫，因為自我意識是如此的有害、有毒、危險、無益，當你覺知到它時，它就會自動變弱。你不會做任何對你有害的事情，這是每個人的天性。所以如果你可以看到自我意識是如此有害，自我意識就不存在了。如果你可以看到自我中心的活動是有害的，你就不會再從事自我中心的活動，你就會停止做這些事情，因為你知道它對你沒有好處。如果你看到某個事物對你有好處，你就會繼續沉溺於它。這一切就是如此，這是自然發生的。問題在於你沒有「看見」自我意識對你是有害的，沒有「看見」自我中心的活動對你是有害的。如果你能「看見」它，你就自由了。

這就是為什麼巴觀說：「看見就是解脫。」你看見了什麼？你看見它對你是有害的。誰會傷害自己？這些活動就是這樣停止的。另一方面，如果你沒有看到自我意識是有害的，無論你想做什麼來從自我解脫，你也只會延續它。沒有「看見」，這遊戲是不會結束的。

透過覺知，自我就會消亡

當你覺知到你的「思考者自我」，它就會逐漸消亡，你就會開始經驗事物真正的樣子。然後帶著覺知觀察「控制者自我」，這也會使它自然的開始消亡。

在生命中，擁有觀點是必要的。我們用觀點去溝通，以及對事物採取立場。尤其當你的觀點、意見與立場是正確時，你會以所有的努力去捍衛這個想法。你在你的人際關係中總是可以看到這個。

觀點＋自我＝固執己見。如果你能覺知到它，對它一笑置之，固執己見的自我就能夠學習。你就可以開始觀看與觀察，自我使別人感到罪惡感與支配別人的所有計畫，是如何玩它的遊戲，證明別人是錯的。是什麼驅使你去證明別人是錯的，想去支配別人？是恐懼。恐懼自己不夠好，恐懼失敗。就是恐懼而已。

接著也觀察到對於重要性的渴求，因為它一直存在。帶著這新的瞭解與認識，觀察自我總是努力想成為某個東西，然後你就可以開始越來越活在當下，越來越去經驗事物。

自我很自然會想在別人之上，自我會「想變成什麼」，一切它所知道的就是「變成什麼」、「變成什麼」、「變成什麼」。如果你觀察自己的生活，所有你想做的就是成為重要人物。你想在家庭、工作場所、鄰里、城鎮、國家中，或在世界上成為重要人物。

你的心理生存就在這個不斷的「變成什麼」的追求中。在這「變成什麼」的過程中，你變得無情、冷酷。既然你沒有喜悅、沒有愛，你就追求這個從「變成什麼」中得到的小小樂趣。

你無法阻止它。不要試圖阻止它。如果什麼都沒發生在你身上，那麼你就會努力成為靈性的人，努力成為特別的人。這沒有什麼錯，這是自我的本質。它想成為某人、在某個位置上，這沒有什麼錯。你無法阻止它。不要試圖阻止它。但你可以覺知到這一點，你可以知道「這就是我的樣子」。

這都是更高的智慧所引導的，當生理自我最後消亡時，所有的分離感就會終止了。覺知到這一點，帶著接納去瞭解它，不對它感到羞恥。與自我抗爭等同於痛苦。你越想結束自我，實際上就越延長了它的生命。帶著對自我全然的覺知來生活，這最終就會自然的使自我消亡。允許自我自然的到達它的目的地，不須努力使它發生，你就會自然的經歷自我發展的各個階段。

接納自己所處的成長階段

人類的生命就是我們的生活。我們在許多世中經歷了許多階段，這實際上是個巨大的成長與學習的過程。我們經驗到許多不同的階段：以自我為中心的階段，變得負責任的階段，慷慨的階段，充滿美德的階段時，然後是超越這一切的階段。

人的成長有四個階段，分別是：

第一階段：自己

第二階段：自己與身邊的環境

第三階段：服務遠比你的家庭更大的理想

第四階段：一切分離的終止

在第一個階段，我們只關心自己，一切都圍繞著自己。這是很自然的，因為我們都被設計成這樣。對此沒有什麼不自然的，沒有什麼錯。如果你沒有被別人譴責，或者你不評判自己，創造出罪惡感，或覺得自己不好，你就可以很輕易的進入下一個階段。但我們一直在批判自己、分析自己，我們就卡住了，無法移動到下一個階段。如果經歷過這個階段，我們就會進入下一個階段，不再侷限自己，而是擴展到你身邊的環境、朋友與家人。

在第二個階段，你變得負責任。你不再只想著自己，而是加上身邊的環境、家庭、伴侶、工作、同事。你想與別人分享你的快樂、痛苦、信念與看法，不再侷限於自己身上。一旦你經歷了第二個階段，你在關係中就被滿足了。在關係中，你可以沒有痛苦與傷痛的做自己。與身邊的每個人有連結，你的關係改善了，你進入下一個階段。邊界進一步擴展，你的自我也將持續擴展著。

在第三個階段，你傾向於服務比你與家人更遠大許多的理想。為自己而活或為家人而活，對你不再有意義了。你有比這更遠大許多的理想，開始服務於更大的理想。它可能是一間新公司，你可以為許多人創造就業機會。或是能利益於更多人的任何理想。

在第四個階段，所有的分離都結束了。不再有服務別人的事情，因為你真的成為別人，與人合一了。這是自然而然的發生。如果可以覺知自己正處於演化的哪個階段，是在第一階段、第二階段或第三階段？即使僅是覺知到你在哪裡，就會幫助你前進。

看看你的自我有多大？包括了你的家人、鄰居與社區嗎？你現在處在什麼階段？瞭解並欣賞你在這個當下所經歷的，為你所在的地方，愛你自己。你可以帶著對第三階段的瞥見，在第二階段；或帶著對第四階段的瞥見，在第三階段。有時，你可能著迷於對第四階段的瞥見，但沒有進一步的成長。這就是為什麼改善關係如此重要，改善關係之後，就能持續下個旅程。

巴觀身邊的小故事

吉梵希然學校招收的學生，從三年級到十年級。當孩子們在這所學校中學習時，與創辦人巴觀與阿瑪生活在一起，得到相當多的學習經驗。

你觀察過小孩嗎？小孩子講話往往有誇大的傾向。有時，他們甚至不知不覺就說過頭了，完全在說謊。有一次，有一個家庭非常富裕的孩子吹噓說，有一位特殊的師父親自來找他。另一次甚至說，有個夜晚，星星從天上掉下來，被他抓住了，他想辦法將星星放在自己家裡。小孩還講他可以飛翔的故事，他是如何飛到太陽，甚至摸到太陽；又聲稱在家裡有這趟太陽之旅的照片。

學校裡的每個人很快的就對這愛吹牛的孩子感到洩氣，孩子們很不高興，他們一起去找巴觀，問可以對這不斷說謊的孩子做什麼。巴觀回應道：「他說謊，那又如何？」孩子學到了：「是啊，那又如何？」學校有個制度，學生會到一個指定的區域，與巴觀在一起，大家圍成一圈，一起解決問題。每個人都會去思考和提出解決問題的方法。有一天，孩子們聚在一起討論這個一直說謊的小男孩，每個孩子都在抱怨他。

巴觀問這些孩子，有多少人曾經誇大，或吹噓過？巴觀解釋整個生命的演化是如何重現在人的一生中，數百萬年被壓縮進七、八十年的生命過程裡。從開始爬行，在沙地玩耍，對別人丟東西，像史前石器時代的穴居人那樣拿著棒子亂晃；或沒有理由的突然有暴力傾向；甚至與你的兄弟姐妹爭吵，追逐或吵架；或是毆打某個人，也許是路上的陌生人。你會覺得自己有點問題。

巴觀解釋說：「在另一個階段，心隨著大腦綻放，進入做夢與幻想的階段。」巴觀說：「誇大和說謊沒有什麼問題。」他解釋說：「如果一個孩子沒有這些行為，其實才更該給予關注。更重要的是，如果你阻止孩子的這些行為，你會打斷他的過程，而就不會經歷過這個過程。實際上，你可能會干擾他的過程。」

隨著孩子們的新瞭解，這個愛吹噓的孩子的行為不再造成困擾了，他們反而開始期待聽他說故事，開始為了娛樂去找他。孩子喜歡這些故事，因為他的故事如此充滿創意又神奇。

與巴觀同在的夜晚

為什麼我們都渴望被愛？

自我是個虛幻的東西，自我並不是真正存在的，它是感官協調，與一切的心理內容同時產生。自我沒有真實的存在，因此必須不斷的被提醒：「是的，是的，你在這裡，你確實在這裡。」當某人愛著你時，就是發生了這樣的感覺，你自我持續的感覺被增強了，於是你彷彿感覺到你存在的實體。你是被某人想要的，因而你存在。這給予你安全感，產生了很好的感覺，因此你期待愛。

一旦你發現了愛，當你真正被愛時，你就不再乞求愛。年輕人所談論的愛，不過是在乞求愛。一旦你發現了真正的愛，你就會給予愛，不再乞求愛了。擁有真正的愛，幾乎是覺醒。一旦你覺醒時，你就不存在了。當你不存在時，存在的就是愛。在這種情形下，當然就不再乞求愛了。但只要還沒發生真正的愛，就有不安全感、恐懼；因為你的每一刻自我都在瓦解。

自我必須擁有什麼。這些財產是我的，我有這個學位，我有這份工作，我有這項事業，我有這個名譽，我有這等聲望……**這一切都強化了你，因此你想要擁有這些事物。而最強的強化就是愛。如果某個人愛你、如果某個人關心你，他就會維持住你，因此你一直持續追求愛。**當某個人不再愛你，而是與另一個人墜入愛河的那一刻，你就完了。這意味著你不再被想要了，你就開始瓦解。這就是為什麼總在報紙上看到一些社會新聞，男孩愛上一個女孩，女孩沒有回應，之後男孩殺了她，或殘害她。

我的問題是，這是哪一種愛？你告訴她，她是世界上最棒的人，你愛她，然後你殺了她。她說愛上其他人的那一刻，不是慶祝她找到了比你更好的人，你卻瓦解了。因此不要走那條路。這種愛是什麼？當你說你愛某個人時，意味著你愛自己。一切就是如此。你永遠不能愛任何人，你如何愛任何人？你只能愛你自己。當你說：「我非常愛他們。」意味著你非常愛自己。

你要知道我不是在譴責愛，我只是描述實情。我沒有說不要墜入愛河，這是生命的事實。我自己持續祝福每個來這裡說想要結婚的人，他們都擁有我全部的祝福。每個人都必須依據他的層次來運作。

我們需要去滿足自我的什麼需求？

自我追求財富、享樂、豐盛、名譽、聲望。一個人不應該與自我抗爭。自我存在，你無法對它做什麼，你必須防衛自我、滿足自我、接納自我，不去控制它。假設自我說「我想要錢」，就去追求錢。假設自我說「我想要重要性」，就去追求重要性。如果你不與自我抗爭，而是與自我成為朋友，去滿足它；逐漸的，你會發現自我得到了滿足。

自我到一個程度是好的。去滿足自我，不要對此感到羞恥。去表達自我，享受自我，不與自我抗爭。然後，逐漸的，你就會發現自我變安靜了、消失了。但如果你與自我抗爭，自我就會摧毀你。

我們必須滿足自我的六個需求，它們分別是：「**確定性**」，例如確定我們要搭往馬德拉斯的火車將會準確的開往馬德拉斯，而不是加爾各答。「**多樣性**」，人需要各種不同的食物、服飾、髮型。「**重要性**」，每個人都喜歡被稱為一個偉大的人，無論是好球員或好工程師。「**愛與被愛**」，我們從身邊的每個人尋求愛。以及「**貢獻**」和「**成長**」的需求。

我們可以以正向或負向的方式來得到前面四個需求，例如，藉由說謊可以得到重要性、愛。但如果我們以正向的方式，例如努力工作，也可以獲得這些。成長與貢獻是主要的基本需求。**如果我們專注於成長與貢獻，其餘四個需求就會自動到位。**舉例來說，如果你是為了自己而去賺錢或想要致富，只想享受這種狀態，那麼你可能會失去所有六個需求。不過，如果你的致富意味著成長，它是利益人類或你周圍的人，也就是意味著貢獻。在這種情況下，你其他的四個需求也會到位。如果你只專注於其他四個需求，那麼你很有可能會失去所有六個需求。因此，試著專注於成長和貢獻。

如何建設性的表達自我？

我們一直都在表達自我，自我可以用建設性的方式或用負面的方式來表達。例如，自殺是以負面的方式來表達自我，發怒與破壞關係也是。

自我是存在的，它必須表達。唯一的問題是，它是以正面的方式或是以負面的方式表達。為了用建設性的方式表達自我，你必須先知道你是如何以負面的方式來表達自我。很多時候我們都是以負面的方式來表達自我，這是為什麼我們會有財務問題、健康問題、關係問題與各種類型的問題。

當你意識到這些時，它就會自動改變，不需要努力以正面的方式來表達自我。當你意識到它是負面的時，它自動就會成為正面的。舉例來說，我們對於最終轉化的關鍵教導是：「時間是不需要的，能量是不需要的，努力是不需要的。」只有在早期階段，你才必須做這些。假設在大廳的一處黑暗角落突然發現了一條蛇，所有人都很驚恐萬分、害怕不已。有人拿出手電筒，照亮黑暗的角落，才看見那根本不是一條蛇，只是一條繩子罷了。**當看見時，恐懼就消失了。它不需要**

時間，不需要能量，也不需要努力，它瞬間就發生了。內在的工作也是同樣的，負面的事情正在發生，當你覺知到它時，這就像是看見這條蛇其實是一條繩子。你實際看見了它時，看見就是解脫。從那裡，你不用做任何努力來成為正面的。當你看見負面時，負面就停止了，恐懼就消失了，它自動就轉變成正面的。

在一開始時，你必須學習。**我們總是拒絕看到負面，在內在有這麼多負面的能量、負面的思想、負面的信念、對別人負面的想法，這就是我們在隱藏的所謂陰影自我。你必須學會面對它，不去譴責它**，只需要說：「哦，這就是我。」不說它的好壞，或是提出一些解釋。不要做任何評論，頭腦習慣會說：「噢，這真是糟糕，我不應該這麼做。」「噢，不，不，這不是問題。」「它會這樣，是因為那樣。」去解釋和辯護。

如果你在生氣，就說「我很生氣」。如果你有嫉妒，就說「我在嫉妒」。如果你有慾望，就說「我有慾望」。如果你想傷害別人，就說「我想傷害別人」。你如實的看見事物本來的樣子。看見繩子是一條繩子，而不是一條蛇。最奇妙的是，無論有什麼存在，當你真的看見它時，它就不再困擾你了。困擾來自於你沒有真正看見它。你只是評論它，假定有東西存在。當你真的看見時，它不過是個單純的小東西，它就不再困擾你了，壓力就離開你了。

有時，我會在幫助人或為自己賺更多錢之間感到衝突。

假設你有一些工作要做，但你餓了，那麼最好先填飽肚子，再去工作。同樣的，你有自己的需求，在幫助別人之前，先滿足自己的需求是比較恰當的。滿足你的需求是很自然、正確和恰當的。

如果你不這樣做的話，那麼你做的不過是被培養出來的。美德必須是自然的，而不是被培養出來的。這就是為什麼我們教導：「如果你沒有開悟，不要表現得像個開悟的人。如果你還未覺醒，不要表現得像個覺醒的人。」你有你的需求，為什麼要專注在別人身上？這是行不通的。你的存在必須被表現出來，你的飢餓必須得到滿足。

最奇妙的事情是，當你滿足了你的需求，你會發現自己自然的有幫助別人的渴望。並不是你強迫自己，或者是矯揉造作，不是你使用你的意志力，不，很自然的你就會想幫助別人。在這時候，你就會想幫助人們，成為無私的。

在此之前，成為「自我中心」的也無妨。**自我中心並沒有什麼錯，只有當自我以危險的方式來表現時才是錯的**，也就是不應該是「利己主義」的，只為自己的利益行動。有時你可能認為是在表現自己，但不能是自私自利的，這是你必須小心注意的。表達自我，同時也幫助別人，沒有什麼不可以。因為你很滿足，慾望就消失了，你就到了下一個階段，就會開始成長。但**絕對不要否定自己的存在，而去幫助別人。**如果你這麼做的話，遲早會有大麻煩。所以請自在的表達自我。

瞭解自我的特性，對改善關係有什麼助益？

對於單純的問題，你可以使用簡單的心理學來改善事情。舉例來說，人類都有六個需求，譬如一對夫妻有問題，你必須瞭解自己有沒有滿足你妻子的六個需求。在一般人的情況中，第一是「**確定性**」，每個女人都需要某種安全感。你有沒有給她安全感？第二是，你在她的生活中有沒有給她「**多樣性**」？給她喝不同的飲料，帶她去看不同的電影。你有沒有滿足她這個需求？第三是「**重要性**」，你的妻子需要感覺她的重要性，你有沒有滿足她這個需求？丈夫也是如此，需要感覺到他的重要性。這是第三件事情。第四是「**愛**」，她有沒有感覺到你的愛，或你有沒有感覺到她的愛？第五是「**貢獻**」，你對於社會是否有貢獻，否則的話你會不快樂，你必須有影響性。第六是「**成長**」，你有沒有從生命中學習？

當這六個需求都得到了滿足，關係就可以改善。這是自動發生的。

再來是**避免自我的遊戲，就是「支配」、「拒絕被支配」、「我是對的」、「你是錯的」、「掩飾」、「為生存抗爭」，這六個自我的遊戲**。

當你滿足自我的六個需求，不去玩自我的遊戲時，關係就有機會改善。

自我是如何造成固執己見的？

你採取一種觀點：「這對我來說是非常好的藥。」。然後有人來說服你：「這可能不是正確的藥喔！你為什麼不試試順勢療法或阿育吠陀？」你答道：「好，沒問題，我會試試這些東西。」這就不是固執己見，而是採取了觀點；但如果你被說服了，你就會改變你的觀點。

你的自我會介入，對給你建議的人說：「不，不，我不會是錯的。如果我同意他所說的，我會覺得自己不如他，而他會感到優越。因此，不，只有這個是正確的。」自我加上觀點，就變成了固執己見，而不會改變。可以稱這些人為傻子，因為他們在生活中永遠不學習。**一個人必須是柔軟和有彈性的。他不是個一直在改變想法的瘋狂傢伙，但當他被說服時，他可以改變自己的觀點。**

這就是為什麼我們說有不同的觀點，你可以從這個觀點改變為那個觀點。因此，你瞭解事情，你可以學習，也可以忘卻。一旦你的自我進來了，玩著那六種遊戲，把這些遊戲添加到你的觀點中，你就會變得固執己見。這意味著你會抗爭，可能是與伴侶的抗爭，或是父子之間的抗爭。

當你變得固執己見時，就會發生抗爭的事情。無論你是父或子，兒子必須瞭解父親屬於另一個世代，不能這麼快的改變他。父親也必須瞭解兒子屬於另一個世代，他的看法是不同的，因而父親必須願意適應兒子。但如果兒子因為他的自我，變得固執己見，他會認為父親在支配我，而父親會認為兒子在抗拒被支配。就會發生衝突。

如果你內在覺知到這些事情，頭腦就會自動變成不去固執己見。你不需做出任何努力，這很自然的就會發生。

想要受歡迎或成名的動機是錯的嗎？

只要對你是自然的，我不會說有任何事情是錯的。我相信兩種教導，一種是頭腦的教導，另一種是心的教導。

如果你的心尚未綻放，這表示你在頭腦的架構內運作。當你在頭腦的架構內生活時，因為頭腦圍繞著自我運作，而自我需要表達。自我喜愛擁有金錢、名譽與聲望，這對自我而言很自然。自我甚至會製造犧牲，「我不想要金錢，我不想要名望，我不想要聲譽……」這也只是自我的表達，因為你希望人們愛你，認可你的偉大，你放棄一切並對此感覺很好。無論你對擁有金錢或放棄金錢感覺很好，無論你對擁有名望、聲譽或對放棄名望、聲譽感覺很好，這都取決於你。但這都是相同的事情。無論你是放棄或追求，這都是自我的表達。只要你在頭腦內運作，追求名望、聲譽是很自然的，對此誠實。

而那些心已經綻放的人，他們很自然不會執著於事物。不是他們對此練習，而是他們的心已經綻放了，這對他們而言是自然的，知足與滿意是他們的自然狀態。並非他們比較沒效率，或比較不積極，他們只是為了更大的理由去做，而不是滿足自己的自我。

我該如何面對我的自我中心？

沒有「如何」面對，你只要覺知到你的自我中心，它在那裡，僅此而已，你不會譴責它。基本上，一直以來，你不是將它合理化，找理由解釋為什麼這樣，就是譴責它。

它就是個事實。如果你這樣看待自我中心，某些奇妙的事情就發生了。你不必做什麼，就是面對你的自我中心，覺知到這就是你真正的樣子，你從來沒想過自己是這樣。它是這樣，它在那裡，僅此而已，僅僅看見就足夠了。

當免於自我時，我還可以在這競爭激烈的社會中生存嗎？

事實上，當你免於自我意識時，你會相當成功。我們對這兩者的區別是「自我」與「自我意識」。**自我是有雄心，去爭取、去達成的意志。另一方面，自我意識使你固執己見。**當你變得固執己見時，你就無法瞭解別人所說的話，你就沒有傾聽，於是就沒有學習，所以你很有可能失敗，很有可能喪失一筆生意的訂單，很有可能失去一名好員工，很有可能喪失良好的洞察力。自我意識，證明對於企業的成功是很有害的。

在這裡，你必須知道我們不是在談論自我。如果你想要在世界上取得成功，自我有存在的必要。我們不是在談這個，我們談的是自我意識與它的遊戲，在取得成功的過程中有害的這些，你必須學習去區別兩者。

為什麼恐懼一直纏繞我？

你無法免於恐懼，因為以你現在的樣子，不是人「有」恐懼，而是人「就是」恐懼。為什麼我們不說人有恐懼？你是什麼？「你」就是恐懼。你一直都害怕失去妻子、失去兒子、害怕生病、擔心生意、擔心健康……擔心這個，擔心那個；害怕因為你的惡業，會下地獄。無論你轉向哪裡，都是恐懼。

因為人有自我，自我本身就是恐懼。因為自我說：「我是分離的。」當你分離時，別人就會形成。別人會對你做什麼？自我誕生在恐懼之中，你一輩子都在管理你的恐懼。因此我告訴你，**如果可能的話，就跳入恐懼中，去經驗恐懼，唯有那時你才有超越恐懼的希望。**

只要你逃跑，恐懼就會存在。面對它，正視它，看看會發生什麼。在泰米爾納德邦，有婦女與老虎對抗的例子。她們真的沒有恐懼了。有時貓會和狗打架，貓面對狗，勇敢的搏鬥。因為你不面對，恐懼就會獵殺你、追逐你。只要面對它看看，突然之間，恐懼就不存在了。

恐懼還會再次回來，但在你面對它的那一刻，恐懼是不存在的。

覺醒的整個目的就是要移除「自我」。第一次，你沒有恐懼的生活。因此，在教導中有一點你必須瞭解的是，你不是「有」恐懼，你不是「有」憤怒，你不是「有」嫉妒；將「有」換成「是」——你就「是」恐懼，你就「是」憤怒，你就「是」嫉妒。如果你瞭解了這一點，你就瞭解了這個教導，準備好覺醒了。實際上，覺醒就是使你如此。

如何使我們的自我擴展？

合一的基本目標是滿足感，它的第一個焦點是獲得財富，獲得財富可以幫助你實現你的願望。實現你的願望之後，你的自我就會開始擴展，而不僅是自我中心的。你會關心你的家人和朋友，你會關心整個社會。當它進一步擴展時，你會關心你的國家。當它再進一步擴展時，你會關心整個世界。當它再更進一步擴展時，你會關心動物和植物。

但是你從內在的合一開始，你會變得很有接納性。在獲取財富和實現願望之後，你的自我就會擴展。滿足感是通往靈性成長的一種方式。並不是你必須受苦和掙扎才能在靈性上成長。你可以滿足自己，然後成長。滿足自己，讓自我得到充分的表達。以那樣的方式，它就會擴展到只有你存在的程度。也就是說，你成為了一切。

在自我消失後，觀照存在著，是誰在觀照？

我們說沒有自我存在，但我們並沒有說沒有靈魂。在死後，靈魂離開身體了。身體是暫時的，而自我只是個幻相。**你的靈魂在你的生活中觀照著你一切的活動，因為那是永恆的真實意識。**

意識觀照著思想，它沒有認同，只是看著思想、頭腦與你所有的行動，你就是那純淨的意識。現在你認同頭腦，這就是為什麼你活在頭腦中。一旦你跳出頭腦，你就從頭腦的緊抓中解脫了。你所做的就是觀照，看見它是什麼樣子。

第四章 與萬物合一

當你發現了愛，你也會發現連結。首先，你感覺與親近的人連結了；
接著與你的朋友、與整個世界、與植物和動物連結了；
最後，則是你與神的連結，你與神合而為一。
這就是我們所說的合一。

當你覺醒時，你自然就可以經驗身邊的一切事物，包括你的各種關係。你感覺與每個人、以及與每件事物之間，都有著深刻的連結感。如果你與伴侶達到了合一，你也會與神合一；因為愛神與愛你的伴侶、孩子、父母，或甚至愛自己都是相同的。

整個宇宙造化就是喜悅的流露。一旦你覺醒了，就會發現只有喜悅、只有愛。

向萬物表達感恩

在我們的日常生活中，要感謝許許多多的人，但卻很少瞭解到其他人在我們的生活中扮演的重要角色。舉例而言，我們每天透過閱讀報紙知道世界各地發生的事情。有多少人曾經想過這點？曾經對每天的送報生表達過一次感激？訂送的羊奶也是每天清晨送到我們的家門口。有多少人曾經感謝過送貨員？他們無論寒暑、任何氣候，都定時送來每一天早餐的羊奶。我們都忘了感恩。甚至直到今日，有多少人曾經想過這點？請記住，如果沒有每日送達的羊奶或報紙，我們就不能開始愉快的一天。同樣的，還要感謝許多在這個世界上幫助我們每天日常活動的人，無論認識與否，舉凡公車司機、汽車司機、服務生、拾荒者、店員、警衛等等。我們卻往往習慣性的認為反正這些工作是他們的責任，視他們的付出為理所當然的。

巴觀說：「**感恩，是讓心綻放的黃金鑰匙。**」

當我們細心觀察時，就會發現萬物都要為他所接受的一切，感謝地球。當孩子誕生時，他要感謝母親撫育他，要感謝父親所提供的安全環境。學生要感恩從教師所學得的知識與智慧。每個人也要感謝從祖先獲得的生活經驗裡的知識。我們甚至要去感謝植物、動物與所有神的創造。

感恩是認出我們所經驗到的無數幫助與關懷，這使我們瞭解如果沒有這些人、這些機會與幫助，生命絕不會如此。**人類頭腦的傾向之一是，總是過分強調痛苦與不幸，往往忽略了所得到的幫助、愛與仁慈。大多時間，都專注在我們所缺乏的，卻忽略了我們所擁有的。**當你認出這些年來你獲得了多少，瞭解到你之所以為你、你的成功、喜悅，以及你在生命中的位置，都是無數因素的共同結合，而不是你一個人獨自努力的成果時，你就會對生命謙卑。認出萬物之間的相互依存，即是感恩。

對家人、朋友、同伴與所有成為我們生命一部分的人，表達感激。他們曾在我們生命中，也許是以單純的行動，或是在看似不重要的時刻，對我們主動親近。讓我們認出他們在我們生命中的無價存在。

當我們擁有認出這些祝福的敏感，當我們的心在感恩的狀態中，我們就會瞭解到，這個宇宙是豐富的，我們生命的每一刻都是被神的恩典所引導著的。**感恩，是人類情感的至高表達，因為它標誌著一個人意識的成長。**

巴觀身邊的小故事

有時巴觀會到某個班級，問學生一些很簡單的問題。有一天，他走進一間教室，指著學生的衣服，問他們：「你穿的襯衫是你的嗎？」每個人都回答：「是啊，當然是我的。」

巴觀說道：「你究竟要如何說這件襯衫是你的？你的意思是你是農夫，曾播下棉花的種子、辛苦收割了這些製作襯衫的棉花嗎？你也是運輸棉花的司機嗎？你設計了紡織的機器？或者你是設計襯衫的人？……但你卻說這件襯衫是你的？試著在你穿在身上的襯衫中，看見參與其中的所有人，看見幫助棉花成長的耀眼太陽與充沛的灌溉，看見它之中蘊含的整個文明，以及整個太陽系和宇宙。然而，我們覺得這件襯衫是我們的，只因為我們付錢買了它。」

生命共同體

世界是一面鏡子，我們所經驗到的世界，它的問題、我們所遭遇的情況、困難、衝突、戰爭、貧困、犯罪、恐怖主義與突破，這一切都是我們內在意識狀態的顯化。如果你內在經驗到衝突，必然在世界上也是相同的衝突不斷。

我們一直在某處尋找解決方法。等待政府、宗教或經濟改變，認為必須等到改變了社會結構和制度後，才能有一個更美好的世界。也許有些事情是這樣的，但真正的改變只能發生在個人層面，真正的原因在我們每個人的內在。我們是一個集體意識，我們與彼此之間不是真的分離。我們都像是氣球上一個個的點，當你將氣吹進氣球時，氣球上最弱的那一點就是最快速膨脹的地方，氣球就會在那裡爆破。你在一個團體或一個人身上所看到的暴力，實際上是全人類集體暴力的顯化。每當我們經驗到內在的恐懼、衝突、傷痛或暴力的思想，這恐懼就變成了某處的犯罪、上癮。我們沒有意識到這一點，沒有瞭解到是我們自己造成了這一切。

巴觀說：「我對囚犯的感覺是，如果在監獄裡的不是他們，就會是我們，某些平衡在社會中維持著。他們犯了某些罪行，因此是他們在監獄裡，如果他們沒有犯下這些罪行，我們就會是犯下這些罪行的人。這是為什麼我對他們有特殊的愛，幫助他們擺脫困境是我們的責任。」

在每個家庭裡，夫妻之間與親子之間的暴力，人所默默承受的理想破滅與失望，這一切都聚集成為暴力、戰爭、暴動、天災。如果你真的想要讓世界更好，就讓自己更好。如果你真的想住在一個沒有暴力的世界，就努力清除你自己內在的暴力。因為你的記憶裝載著拒絕、受傷、憤怒與憎恨，如果你能從你的過去、傷痛中解脫，如果你能從干擾你生命的關係的傷痛中解脫，你就會成為一個更快樂的人。當我們轉化自己、變得更快樂，能夠感覺到對家人的愛與連結時，這世界就會轉化。這是一個偉大的貢獻。

一旦我們的關係變得和諧時，你會發現世界上的災難減少了，疾病的發生減少了，戰爭的衝突也變少了。如果我們消除人類內在所有的衝突，就不會有戰爭或暴力。**如果我們真的想處理戰爭，我們就必須看見自己的關係，這意味著看見**

自己。只看見外在的暴力並沒有用，要看見的是你自己內在的暴力。你說出難聽的話傷害了別人，有時雖然你很有禮貌的說話，但一樣在傷害其他人。

有人問合一大學的指導老師：「我們該做什麼來轉化世界？」指導老師說：「改善你與家人的關係。」「就這樣？」他們問道：「不是做更大的事情嗎？」雖然它們看起來那樣的微不足道，但一切我們所經驗到的，都在世界的某處沉澱。當你有越來越多無條件的愛與喜悅時，世界就會轉化。世界與你不是分離的，你的轉化就是世界的轉化，你就是世界。

人們上街頭為世界和平遊行，不會得到太多的效果。這些人的理念是好的，「和平、愛與拯救環境」。但概念產生了衝突，無法改變這個世界。這些人所投射出的和平理想是必要的，但上街頭呼籲並不是真正的解決之道。**真正的、終極的解決之道，永遠回到個人身上**。如果我們每個人都選擇和平的生活，世界就會成為一個和平的地方。

巴觀身邊的小故事

很多年前，在吉梵希然學校中，有個學生突然變得非常壞，開始淘氣的傷害其他孩子。於是，有些人逐漸與他保持距離，甚至向巴觀抱怨，說他以前是個很好的男孩，現在他的行為卻變得讓人無法忍受。

巴觀安排了一個與所有學生的會議，他問孩子們：「有多少人沒有任何負面想法？你們認為這些負面想法都去哪裡了？有人必須承擔它們，有人必須吸收它們，擔任那個角色。在這所學校中，這可能是一個學生，也可能是一位老師，這就像是有人為了你的福祉而犧牲了自己的快樂。」

孩子們終於瞭解發生了什麼。於是那個淘氣的男孩突然成了所有人的英雄，孩子們開始每天帶吃的東西給他，甚至為他洗衣服。他們很感謝他，每當他們看到那個男孩，他們就看到了自己的延伸。

第二年擔任那個負面角色的人，是孩子們的英語老師。他以前很善良，卻突然變得很殘酷。孩子們都成為他的朋友，支持他經歷那個階段，因為他們都知道發生了什麼事。

建立與神的連結

在每段關係中，我們都尋覓著無私的愛，我們希望別人接受我們真實的樣貌，接納我們所有的缺點與不足。希望可以找到一個不是因我們擁有美麗的外貌、聰明才智或富有的財富，才愛我們的朋友，他就是愛我們本來的樣子。

我們一直渴求真正的朋友，我們想要的並不是普通的朋友，我們希望有一位無論在何時何處，只要我們呼喚他，就會伸出援手幫助我們的朋友。

巴觀說：「你的生命中少了神，你就是個孤兒。」萬物都有意識，除了人類之外，所有物種都與神的意識連結著。這就是為什麼人類在受苦。

當你與神連結時，你就不需要到其他地方尋找答案了，頭腦的衝突自然就會

停止。當你開始信任神時，懷疑就會減少，答案就會自動出現。在你的內在，神會開始引導你。這位神會一直像個溫暖的擁抱，或一名親愛的朋友般，總是支持你。

一般來說，人無法與沒有人格的神連結；他必須選擇一個「人格」，並與那個「人格」發展連結。巴觀說：「沒有了與神的連結，什麼都不會發生。如果你想要一些幫助，朋友就會幫助你，不是嗎？世界上的某個人會幫助你嗎？不會。如果你想要一些幫助，你會去找你的朋友。對於神也是相同的，如果神是你的朋友，神就會幫助你。」

如果你想將神當作父母，那就必須是友善的父母，而你就會得到幫助。如果你將神當作不友善的父母，那麼什麼都不會發生。這就是為什麼巴觀說：「你創造自己的神。」不是說你創造了神，而是你創造了神回應你的方式。神就像黏土，而你是陶藝家，可以給予神任何你想要的形狀。觀察自己，到目前為止，你對於神的觀點是什麼？神在給予祝福時，是很緩慢的嗎？神在賜福前，會先要你接受無止境的考驗嗎？神在給予恩典前，會期待你是純淨完美的嗎？你對於神有什麼印象，神就會怎麼回應你。

選擇一個神的形式，因為這是你將體驗到的。神會以你所選擇的形式顯現，祂可以是臨在、光、克里希納、基督、佛陀，或是以任何你所崇敬的神的形象顯現。你選擇什麼形式並不重要，因為只有一個至高的能量流過所有的存在。每個形式都是神的形式。至高意識一直都存在，只是你沒有認出祂。喚醒你內在更高的自我，然後請求神的幫助。

閉上眼睛，回憶在某時某處，你在生命中卡住了，看不到幫助，然而幫助還是來臨了；或者當你孤軍奮戰時，有人關心你在做的事情，這就是神的援手。神一直都存在。認出與意識到正在發生的事情，向神表達感恩。你認出越多神的恩典，神的力量就會向你揭示得越多。**當你擁有了那份對神的信任與連結時，某些事情就會開始在你的生命中發生，神就會開始與你合作，這是一個持續展開的奇蹟。**

你可以請求神使你的心覺醒，改善你的人際關係，幫助你發現愛，提升意識，覺醒以及與神深刻的連結。依據不同的因素，你的祈禱就會得到不同的回應。你可能會感覺到震顫的能量，事情可能會突然發生，也可能就是你所認為的「內在指引」，神的智慧會依你的需求運作。接著，會有個時間點來臨，你可以隨時與神溝通或請求任何你想要的事物，這是與神連結的第一步。

當你繼續前進時，你就會瞭解到你與神是合一的。這就是為什麼耶穌說：「我與父原為一。」這是最終的與神連結，你發現你就是神。當旅程展開時，這就會發生。

神的愛：合一祝福

合一祝福是源自巴觀與阿瑪的意識的現象。從很小的時候，他們就神聖的遵循深奧的準備方式，透過準備，他們發展出合一祝福的現象。他們幫助人類全然、無條件解脫的強烈願景與熱情，即是啟發合一祝福現象的意圖。

合一祝福有什麼功效？它藉著促進大腦神經生理的改變，激發額葉的活動，抑制頂葉的活動，提升接受者的意識，促進喜悅、愛與連結感。合一祝福的神聖能量，可以幫助你打破不健康的關係模式，建立更好的關係。

巴觀說：「合一祝福是神試圖接近人，它是個流向人的能量的力量，我們稱之為神的降臨，人也上升到更高的意識領域。這就是合一祝福實際的功效，它拉近了人與神之間的關係。」

合一祝福並不侷限於特定的傳統或宗教，追隨任何宗教或傳統的人都歡迎接受這個現象的利益。合一祝福促進接受者對於所信仰的宗教，得到直接的發現與體驗。合一祝福現象背後的核心意圖，是促進一個人直接經驗到自己生命中的真理，無論那是什麼。

合一祝福可以促進接受者的意識成長。**你的意識層次決定了你生活經驗的品質**。例如，你對於持續的經濟不景氣的經驗；你處理關係中的誤解或兒女叛逆性格的能力；如果診斷出健康問題時，你會有什麼情緒反應；你與人們連結時所經驗到的喜悅的層次；以及你對於工作的熱情多寡等等，都取決於你的意識層次。當你的意識提升時，你就會有更多的覺知、喜悅、愛、合作感，以及更專注在你所做與經驗的每件事上。

合一祝福的終極目標是使人們覺醒，進入合一的狀態。在這狀態中，人與自己、周遭的人、大自然與萬物都能和諧相處。在這狀態中，人經驗到與周遭所有形式的生命都有深刻的連結感，並由此建立了通往憐憫與合作的道路。

巴觀說：「我們相信合一祝福最終會帶來我們所說的合一，你不再有分離感，人們感覺自己彷彿屬於同一個家庭，我們相信這世界將成為一個全球性的大家庭，這是最終會發生的。」

在世界各地舉辦的「合一覺醒課程」中，接受點化與訓練的任何人，都可以傳遞合一祝福。**合一祝福給予者的功能就像是一個中空的管道，將能量傳遞給接受者。**

巴觀身邊的小故事

合一大學推行了一個頗具成效的「百村計畫」，指導老師們致力於改善校園周圍一百個村莊村民的生活。在這項計畫之前，村莊中有嚴重的家庭暴力問題，男人常醉醺醺的回到家，毆打自己的妻兒，不然就是經常在街頭遊蕩，不想回家。這對他們的家人而言是個夢魘，家庭中瀰漫著不快樂的氣氛。巴觀不知道能不能改變村莊的經濟與政治，但巴觀向村民們承諾，他可以使他們快樂。

指導老師第一次與村民接觸時，村民說：「我們不要快樂，我們要其他的東西，給我們工作、教育和漂亮的房子。」指導老師回答：「你們都會擁有這些，但你們要先處理自己的關係。」

指導老師以小團體的方式，處理村民的恐懼，專注於改善他們的關係。人們透過合一祝福經驗到轉變。他們發現當傷痛消失，不再有恐懼時，就可以與其他人建立關係。村民從因絕望而顯現出的煩悶、酗酒和暴力，轉化為快樂和喜悅。他們經驗到了與彼此的連結，現在男人開始喜歡回家。家人都看到這個意識狀態，他們說：「這就是我們想要的。」家庭與整個社區都轉化了。隨著快樂，更大的物質豐盛與滿足感也來臨了。

現在人們不再喝酒了，但指導老師從來沒有教育他們，或建議他們不要喝酒，這是自然而然發生的。當人們的關係改善時，他們自然就會變得快樂，就不再需要酗酒了。他們的健康也改善了，孩子們對學習也有更多的興趣。

當心綻放，就會經驗合一

巴觀說：「你批判別人，是因為你沒有感覺到與別人的連結。」你會去傷害別人，是因為你無法感覺到他在心理上或生理上所經驗到的痛苦。當你去感覺他所經驗的，當你成為他時，一切都將轉變。

當你的心綻放時，你就會感覺到連結。所有的人類實際上都是相連的，我們並不是表面上看起來分開的個體。這個分離只是個幻相。一旦幻相消失，你會真的覺得你就是其他人，你會真的有這種感覺。這並不是一個思想、理念、信念或概念，這是一個真實、活生生的感覺。

當巴觀還是孩子時，在他的經驗中，整個宇宙是他自己的延伸，他的意識一直是如此。當巴觀開始經驗人們時，他認知到一個事實，人們並不是以與他相同的方式在經驗世界。他看到人們覺得與世界分離，並發現正是這種分離感造成了人類的痛苦。

現在你覺得自己與其他人是分離的，你與牆壁、柱子、門是分離的，與家人是分離的。奇妙的是，當感官協調減慢時，分離感就消失了，你立刻就會發現你與其他人並沒有分離。事實上，你就是他人。這不是意味著你成為了牆壁或柱子，而是不再有「我」；存在的是柱子、門、牆壁，這就是一切存在的，這定義了你。當你的心綻放時，當你覺醒時，這情況就會發生。

直到你的心綻放，你都不會知道真實的情形是你感覺與他人是合一的。並不是說你們是相同的。你們是不同的，但你就是他們。雖然你們是不同的，但是你感覺到你們是合一的，就像是有兩個人格的一個人。你明白你就是他人。並不是你是一個翻版，不是這個意思，但你覺得你們不是分離的，你是這個，你也是那個。

要實現這個目標，你的心必須綻放。我們要如何著手呢？在內在世界，你必須停止所有的分析、停止所有的努力，這些在內在世界中都是沒有位子的。在外在世界，我們必須分析、必須努力，但我們將相同的工具帶進了內在，這就是問題所在。在內在世界，我們必須放下這些工具，你不能試著去瞭解，因為你無法瞭解，你不能做出任何努力，因為努力就是問題。

事實是，你的心還沒有綻放，事實是，你感覺到沒有連結，你覺得疏離。這就是事實，沒有其他的事實。因此**從你所在之處開始，不要試圖到達任何地方，你永遠無法到達任何地方，從你所在之處開始，而且第一步即是最後一步。強烈的覺知到你沒有連結，你沒有經驗到無條件的愛，你所有的愛都是有條件的，你**

所有的喜悅都是有條件的，你所有的感情都是有條件的。這是事實，不要對它覺得不好，不要迴避它，不要試圖解釋它。這是事實，緊抓著事實，這就是你所必須做的事。

唯一可能的支持，是你可以接受合一祝福，其他什麼都不要做，等待，直到某個事情發生，它會很迅速發生。它必須自然發生，如果你試圖使它發生，你嘗試一百萬年，也不會取得任何進展。唯一要做的是「毫不費力的努力」。在這裡，「努力」的意思是，你可以帶進一些教導，你可以得到合一祝福。此後，一切都是自動的，因為你強烈的覺知到你沒有愛、心沒有綻放，你沒有感覺到連結的事實。不要鬆開這些事實，可能是兩天、三天、四天，盡你所能，就是待在那裡，直到這一切發生。甚至不要期待什麼，甚至不要等待什麼，唯一的事實是，你沒有愛，只是待在那裡。

曾經有個充滿愛意的男人，去敲他所愛的女人的門，當腳步接近門口時，他焦急的心沉重的怦怦跳。一個甜美的聲音問道：「什麼人？」男人以他所有的熱情說道：「我。」女人的聲音大聲斥責：「這裡沒有兩個人的空間，滾開。」男人被他所深愛的人驅逐，他去沙漠裡進行嚴格的苦修。在十二年強烈的苦修後，他突然明白「他」不再愛她了，因為他已經「變成」了愛。這次當他敲門時，同樣甜美的聲音問道：「什麼人？」他回答：「妳。」門就打開了。

「愛」是從「我」到「你」的移動。隨著愛在你的心中綻放，你成為了沒有圓周的中心。不是我們在經驗愛，而是我們就是愛。存在的只有愛，那是我們的本質。你的意識開始擴展，你開始覺得與每件你所看見、所聽見、所感覺的事物連結。在更深的層次，「你」即是「別人」。這就是合一，這就是合一祝福在你內在開啟的旅程。

與巴觀同在的夜晚

我常覺得我為了自己的成就，利用別人。

在這世界上有兩種人。第一種人是利用別人來使自己成功的人。第二種人是覺得自己得到生命中所有人事物幫助的人。第二種人是懂得感恩的人。知道你的產生是相互仰賴的，就會發現感恩。

你是你所是的樣子，不是因為你選擇成為那個樣子，而是每個事件、每件事情、大自然、人們、整個宇宙使你成為你所是的樣子。你的父母、兄弟、姐妹、朋友、教師、鄰居、社會、每個人在你的生命中都扮演著一個角色。你在這生命的慶祝中並不孤單，而是被每個人事物所陪伴著。

人類的意識與大自然之間有什麼關聯性？

人類意識與發生在地球上的物理過程之間，有著緊密的相關性。地球是個活生生的有機體，她就像是個母親，我們仰賴她。你可以與大地之母對話，你會很驚奇的發現，她是一個可以與你對話的存在。她可以告訴你，她的傷痛，她所經歷的事情。她不是個沒有生命的地球，或某個沒有精神的東西。她是一個存在，一個非常有力量的存在。

當人類意識中衝突的程度減少時，我們就會發現地球層面也有明顯的轉變。你會發現害蟲、病菌、洪水氾濫和火山爆發都減少了。這一切都是人類意識中的衝突減少的自然結果，因為這兩者之間有著密切的關係。我們在一些村莊舉辦課程，當轉化發生時，雨水立即滴落，下起了滂沱大雨，而那裡已經四、五年沒下雨了。接著就有了豐盛的收成，較少害蟲和病菌出沒，每件事物都會自然的回應。

在過去，人類與自然相當和諧的共存著。那時人類的生存仰賴與大自然的連結。人與大自然非常親近，因為這對於人類的存在是不可或缺的。今日的人類與大自然非常疏遠，這使我們離開了自己的本質。如果這種情況持續下去，將使人類毀滅。需要針對這種情況，採取立即與實質性的措施。

當一個人意識到這個事實時，他就會自然變得敏感，並開始經驗到與大自然的合一。當你支持大自然時，大自然就會支持你。發生在樹木與動物身上的，也會發生在我們身上。發生在森林身上的，也會發生在我們的身上。對於療癒地球的勤懇努力，最終會展現為對我們自己身體的療癒。當你栽種的樹苗成長時，你也會在各方面有所成長。

我們是演化的一部分，我們是大自然的一部分，因此我們應該合作。大自然期望我們合作，我們需要對大自然伸出援手。

當你覺醒時，你就會覺得與大自然合一，就會保護大自然，會變得非常謹慎，關切於保護大自然。所有這些事情都會自然發生。這是覺醒的人的特質，不是因為他培養這些特質，而是在你覺醒的那一刻，這些特質都會非常自然的來臨。

為什麼宇宙中有不平等存在？

這有什麼不對嗎？這樣才會有趣。不平等並不是問題，你的自我才是問題。當沒有自我時，全人類就會成為一個大家庭。聰明的人可以幫助懦弱的人，富有的人可以幫助貧窮的人，因為我們是一個大家庭。因此，不平等完全不是問題，如果有人在某方面較弱，就會在其他方面較強，這是補償。問題在於自我，解決的方法就是消除自我。

如何與神建立連結？

在你與神之間必須有連結存在，而且這連結必須符合人的已知框架，僅是用「神」這個詞是不會真正有用的，因為你看不見神，你要如何與神連結？你要將神放進一個人類的模子中，假設你說神是「合一」，那你就沒有辦法與祂連結或祈請臨在。你是人類，人類只能與人類連結，你不能與無形或光或虛空連結，你必須將神放進人的模子中，如拉瑪、克里希納，或任何你想要的神。由你決定將神放進什麼人的模子中。

選擇你生命中最好的關係，如果你與母親的關係最好，就將神放進你母親的模子中；如果你與父親非常好，那就放進你父親的模子中；如果你與兄弟非常好，那就放進兄弟的模子中；如果你與朋友非常好，那就放進朋友的模子中。但無論你做什麼，你與神之間都必須有情誼。

不僅如此，你還必須將神放進不是很苛刻、不會使你恐懼、不可怕的人的模子中。**如果你將神描繪為可怕的人，可以很肯定你無法與神連結。你必須將神縮小為非常個人、非常友善，會傾聽你的人。**當你將神放進某個關係中，將神當作你認識的人來連結時，你很快就會得到對方的回應。

在印度，有個小男孩想要洗澡，但是水非常冷。他高喊：「神啊，讓水變熱吧！」什麼都沒發生。然後他喊道：「父親啊，讓水變熱吧！」水立即就變熱了。在他將神當作父親連結的那一刻，事情就開始運作了。

與神連結，可以帶給我們什麼利益？

我們必須運用神來解決我們的問題。如我們可以運用太陽能與風力來滿足我們對能源的需求，我們也可以運用神聖能量來處理我們的財務問題、關係問題、健康問題，以及任何我們必須面對的問題。古代人就是這麼做的，但後來的人失去了與神的連結。為了讓神回應你，你必須與神有連結，無論你將祂視為基督、佛陀、阿拉、某個宇宙能量或普遍存在的能量。如果你與神沒有連結，祂可能就不會回應。這就是為什麼連結很重要。

你與父母有很好的連結是很重要的。如果你與父母有很好的連結，你自然就會與神有很好的連結。如果你與父母的連結很強烈，你與神也會有非常深刻的連結，你就可以運用神聖能量來解決自己的問題。

如何請求神實現我們的願望？

假設你想擁有足夠的財富，我們說擁有意圖，付出努力，然後恩典就會接管。有時候你設定了意圖，也付出了努力，但恩典仍然沒有降臨，那你就是還沒有臣服於神。首先，你要盡你所能。沒有努力的話，恩典就不會回應。意圖也必須非常強烈，這就是最初的情況。意圖，然後努力。之後你必須說：「好，這就是一切我所能做的。」放下，因為你已經不能再做什麼了。「神啊！」或任何你想使用的稱呼，「現在請接管並給予我幫助。」這必須是真誠的臣服，如果不是這樣的話，某些廉價的臣服並沒有用。你明白你已經做盡了一切你所能做的，你無法再做更多了。

比如你從飛機掉下來。如果你有拯救自己的意圖，你突然想在海灘、土地或其他東西上降落，那麼除了全然臣服之外，你還能做什麼呢？然後恩典就會創造出奇蹟。

我曾經遇過一個飛行員，他說他遭逢過飛機起火的事故。那是一架戰鬥機或某種飛機，起火後必然會發生爆炸，但很奇怪的，飛機並沒有爆炸。飛行員安全的降落了，毫髮無傷。身為基督徒的他說：「我的主耶穌拯救了我。」因此他的祈禱顯然非常強大。當你交託出去，當你明白自己不能再做什麼時，這才會發生。但只要你可以做些什麼，你就必須去做，你不應該尋求神的幫助。只有當你說「我做不到」時，你才要祈禱，尋求幫助，然後恩典一定會來臨。

當我們以崇高的意圖祈禱時，神才會回應我們嗎？

你必須對自己很真實，如果你可以看見自己內在，神就會以各種形式或以臨在進入你內在，所以你必須練習的是看見內在。

我用一個例子幫助你瞭解。在德里有位相當有名的外科醫師，每當他進行腦部手術時，他都會請神來幫助手術順利，他從來沒有失敗過。有一次，有名男子因為意外事故造成腦部損傷，情況非常危急。所以外科醫師說：「神啊！請幫助我，這個人快死了！」但這次他沒有得到神的任何幫助。他又說：「神啊，病患的妻子將成為寡婦，孩子會沒有父親，所以幫幫忙吧！」但神仍然沒有回應。然後他想了一下，想起了所有的教導，教導說要真實。

於是他說：「神啊！如果這個人死了，我的名譽就毀了，我擔心我的名譽，所以請幫助我！」當他變得真實時，神就回應了，腦傷的男子生還了。因此，如果你希望神以很強烈的方式在你的生活中，你必須非常真實。如果你很真實，它就會發生。

我感覺不到神，無法想像神。

你不需要到其他地方尋找神，你唯一需要做的是去檢視你自己的生活，然後你就會看見祂。透過你的生活，神的手一直在幫助與帶領你，只是你沒有意識到祂。當你回憶生活，你會發現有一個更高的智慧、更高的能量，總是陪伴著你。當你意識到這個事實，你就發現了你生命中的神的存在。

神一直都在幫助你，你不知道已被拯救了多少次。如果你能以某種方式看見恩典的手，你就會即刻開始愛神。很自然就會愛幫助你的人，不是嗎？當你愛神時，神也會開始給予你更多的恩典。當你見到某人愛你，你不會開始愛他們嗎？這裡的情形也是如此。

起初神的恩典如奇妙的巧合流入你的生命，我用那個詞是因為它是溫和的。你越認出巧合中的恩典，你對神的愛就會越增加，你就會得到豐沛的恩典，奇蹟就會發生。

合一祝福如何進行療癒？

如果你拿一杯水，然後使用特殊的相機，你就可以拍到水的分子結構，看到一些圖案。如果你以合一祝福碰觸相同的一杯水，然後再拍一張照片，你會發現它有美麗的花卉圖案，分子結構本身發生了變化，因為合一祝福進入了水。這是科學，它已被科學所證明。

你的身體是什麼？你的身體有百分之八十是水，所以當給予你合一祝福時，合一祝福就會被細胞吸收，然後將能量轉移到你身體的水中、血液中。你身體百分之八十的分子結構產生了變化，這百分之八十的水再流向身體的各個部位。

它流進你的心臟，你的肝臟。如果肝臟是健康的，你的嫉妒就會很少。如果你的肝臟很糟糕，你就會有可怕的嫉妒。所有情緒都可以追溯到身體的器官。當變化的分子模式進入大腦，將大腦改正時，它們就會被改正。

這一切的發生都是因為我們碰觸了一杯水，讓你喝下它。或者我們可以以合一祝福碰觸你的頭，相同的事情就會發生。不需要水，它就會以同樣的方式進入你的身體。

這是科學，試驗看看。透過試驗，你也可以看到真正的效果。根據經驗，你就可以證明這一點。

如何以合一祝福療癒其他人？

當你看著一個病懨懨的人時，你覺得很受觸動，想幫助他克服難關，如果接受者也有同樣的意圖，合一祝福就會變得更加有威力。要擁有強烈的意圖，你的心必須綻放，你必須傾聽別人，並確實的憐憫他。

如果有人告訴你他有財務的問題，你必須設身處地為他著想，看見他的痛苦與渴望，從容不迫的傾聽他、憐憫他，而後你就能感同深受，最後再給予他合一祝福。

你必須發自內心來感覺，因為心扮演了很重要的角色。如果你僅用頭腦瞭解他，心中卻沒有溫暖，那合一祝福就無法真正發揮功效。

如果你想轉化一個人，希望對方進入更高的意識狀態，在關係中發現愛，那麼你自己就必須在更高的意識狀態中。你必須看見自己本來的樣子，接納自己本來的樣子，愛自己本來的樣子。如果你能做到所有這些事情，那麼你的合一祝福就會變得非常有威力，你就可以提升其他人的意識層次。

如何增強合一祝福的療癒力量？

要增強你給予合一祝福的力量，你必須非常清楚對方希望什麼，向神祈禱時，你必須看見解決方法的畫面。當你持續這麼做時，你會發現得到更好的效果。一旦看見效果，信心自然就會增加；隨著信心增加，力量就增強了。你給予越多的合一祝福，管道就越淨化，開啟了過去封閉的部分後，合一祝福就變得更加強大。

更重要的是，你必須學會與神對話。當你給予合一祝福時，你必須感覺那個人，知道他的問題，然後告訴神他的問題。當你持續與神對話時，你就會發現合一祝福變得非常有威力。事實上，有時甚至對方沒告訴你，你就會知道問題是什麼。因此，與神對話是最重要的事情。

你想要什麼樣的經驗，合一祝福都可以幫助你，無論你想要的是覺醒經驗，或與神連結，或進入你的前世。藉由合一祝福的幫助去看你的前世，會比一般的回溯要簡單得多。它是更強烈、更真實的，你能精確的找出問題。合一祝福可以用於任何目的，如果你有財務問題，你可以找出問題是什麼。無論在你的前世、受孕時、出生時或剖腹產時有什麼問題，這一切都可以被找出來。合一祝福也可以幫助你希望在靈性上達成的。

合一祝福是運用神來解決我們自己實際的問題，它擁有自己的智慧，可以將事情完成。一切都是可能的，你不能說什麼是合一祝福辦不到的。它取決於你的熱情，以及你想要什麼，只要接上合一祝福，一切都會成為你的現實。它可以用於任何的教導，這就是為什麼我們說合一祝福就像是糖，你可以將它添加到任何的事物上。你可以將它用在基督教、伊斯蘭教、佛教或印度教的教導上，這取決於你。

我們還可以如何支持身邊的人？

除了給予合一祝福，另一件你可以做的是傾聽人們，不帶批判，就是傾聽。當你傾聽時，他們就會痊癒七成。人們希望被傾聽，而不是被批判和譴責。

傾聽別人最簡單的方法之一，是模仿對方的身體姿勢，將你的呼吸與他的呼吸同步。通常當人們在說話時，你會從你的制約來接收他的話，透過你所有的知識、你所有的偏見，但這些都會進來擾亂你確實的傾聽別人。現在你必須將所有這些知識和偏見放到一邊，用乾淨的頭腦、清醒的頭腦、開放的頭腦來傾聽。

如果有人來告訴你他們的問題，當你傾聽他們的問題時，也許是他們生活中的某個悲傷事件。如果你真的傾聽別人的故事，如果是真正的傾聽，非批判性的傾聽，突然你明白實際上是在傾聽發生在他們內在的事情，然後，在下一個層次你就會明白你內在發生了什麼，某些事情就會在你內在發生，會有個共鳴，你必須傾聽那個。可能是個情緒的變化，可能是感知的變化，可能是個新鮮的見解。無論什麼發生在你身上，你都必須將這告訴對方、與他分享，你可以說：「當你說話時，我一直在傾聽，這是發生在我身上的事情。」一旦你這麼做，某個很奇妙的事情就會發生。

有時你會覺得你應該擁抱他們，或握著他們的手。這是自然會從你內在發生的事情。你的心會告訴你，「握著這個人的手」、「碰觸他們的頭」或「拭去他們的淚水」，任何的反應都有可能；但你的反應將是完美的，這將是自然的反應，而不是來自於思想的反應。這都來自於你的內在，傾聽成了一個美麗的經驗。當你這麼做時，這將是最適當的行動。只是靜靜握著這個人的手，只是觸摸淚水，將它拭去，或只是將你的手放在他們頭上，立即就可以解決他們的問題。

當你這麼做時，他們就會被大大的療癒。因此除了給予合一祝福，這就是你必須學會在人們身上做的事情。

覺醒是什麼？

沒有覺醒的生活根本不是生活，僅是為生存而努力。為什麼我們無法生活？因為頭腦阻礙我們去生活。頭腦是如何阻礙我們生活的？頭腦不允許我們如實的經驗真實。

當你看，你無法不受頭腦干擾的去看。如果你可以不受到頭腦干擾的去看，這就是覺醒。如果你可以不受頭腦干擾的去聽，這就是覺醒。這同樣適用於嗅覺和觸覺。這就是覺醒的狀態，也就是感官從頭腦的控制中完全解脫。只有這樣的人是真正在生活的。**只要是頭腦在控制，你就不是在生活。當頭腦不存在時，你就是真正在生活。**

當你坐下來吃東西時，你其實並沒有在吃東西，你開始擔心辦公室、家裡或各種事情，或評論食物本身，食物並沒有被經驗。這就是為什麼我說，如果你如實經驗，你就會經驗到喜悅，你就會看見整個宇宙是完美的，它是最美麗的事物，你感覺自己就在天堂中了，但你卻使它成了地獄。使感官從思想的緊抓中解脫是可能的。思想在需要時是必要的，否則，思想為什麼要介入？思想沒有介入的必要，它是一個真正的經驗。

當感官不再受到思想或頭腦的控制時，我們就可以說，你發現了無條件的喜悅、無條件的愛。在這樣的喜悅中，你發現自己與每個人連結，你發現了真正的愛。真正的愛與真正的喜悅不是分開的事情，它們是一體的、是相同的。這是個自然的發生。這就是你被設計成的樣子，這是人類應該一直經驗到的。

因為你沒有經驗到這個，你的生活變得痛苦。為了逃避痛苦，你創造了各種逃避的方式，透過這些方式，你一直都在逃避你的痛苦，因為你沒有在經驗真實。這就是為什麼人們沉溺於酒精、毒品、性或任何東西，否則，你的生活有什麼，它毫無意義。

我的整個目標，就是幫助你如實經驗。當這發生時，你就會發現無條件的愛與無條件的喜悅，你覺得與每個人事物都有連結。你不再只為自己而活，因為你變成了每個人，你為了人類的利益而活。在覺醒中，你不再有分離的幻相，幻相消失了。這不是一個概念或某個想像的事情，當你覺醒時，這是日常生活的現實。

只要有個單純的轉化，使心綻放，我們在此就有天堂，這將是真正的人間天堂。一旦心綻放了，你就會知道究竟該如何行動。

我們所說的愛無法被描述，它必須被經驗。這個愛是沒有原因、沒有理由的，它就是存在。我們想要你到達那裡，然後你就會成為一個圓滿的人，你就瞭解了你身為人類的所有潛能。

療癒關係是否有助於覺醒？

覺醒最短的路徑，就是改善你的關係，這必須從與父母的關係開始。無論你是誰，都有一定分量的傷痛是與父母有關。也許不是在表面的層次上，當你進入更深的層次時，就會發現如此。一旦你與父母的關係改善了，你與伴侶的關係就會改善，然後其他的關係也會受到影響。然而，如果你的關係不良，覺醒將是一項艱鉅的任務。

我們已經發現心扮演著很重要的角色，除非心可以合作，否則我們無法達到更高的意識狀態。為了使心可以真正與你合作，關係必須被療癒。奇妙的，我們發現在療癒關係之後，生理的心本身會以相當不同的方式來回應，彷彿是心將訊息傳給了大腦，讓大腦開始以不同的方式來運作。如果關係不和諧，心就無法合作，這就是我們卡住的地方。

覺醒對關係而言有什麼重要性？

基本上，人被四個層面所影響，第一是前世的習氣，第二是你在母親子宮內時發生的事，第三是根本童年決定，第四是制約。你被制約為印度人、印度教徒，這個社會身分或那個社會身分，是個醫生、工程師，以及你的父母、學校、社會所給予你的信念，這一切都是你制約的一部分。你被這四個層面所影響，你的關係不是被前世影響，就是被在母親子宮內發生的事情、根本童年決定或你的制約所影響。我們可以在一定程度上，改正這些事物，然後關係就會確實改善，但關係仍然不會成為它所應該成為的。

只有當「自我」消失了，這才會發生。你與你的妻子存在。你有個「自我」，你覺得「你」存在，這必須消失。同樣的，必須發生在你的妻子身上。當這發生時，你就會瞭解到最好的關係是什麼，你就會瞭解到關係所有的喜悅，無論是親子關係、夫妻關係或任何的關係。但只要「你」存在，衝突就會存在。短時間也許還沒問題，幾天、幾星期、幾個月，但對彼此的印象很快就會形成，印象就會開始連結，之後整個麻煩就開始了。雖然藉由清理這些東西，情況可以有所改善，但僅此而已，不會有顯著的事情發生，你不會發現巨大的喜悅。

要發現巨大的喜悅，你必須覺醒，這意味著「你」必須消失。當「你」不存在時，存在的是喜悅、喜悅與喜悅。你是充沛的喜悅，你的妻子也是充沛的喜悅，**兩個充沛的喜悅連結，這樣的連結只會是喜悅。**否則的話，你在受苦，她也在受苦，當你們互動時，你們只能產生痛苦。雖然在婚姻生活中，你可以盡你所能的調整，做出妥協，以某種方式處理，這就是你們所做的。你可以去找心理學家、心理諮商師或來找我們，我們會做一些事情，關係就會有所改善。但你到死都不會真正看見什麼是連結，這就是為什麼你必須覺醒。

合一是什麼？

人類受著與別人、與大自然、與神疏離的痛苦，更糟的是與自己也是疏離的。為了逃避這個痛苦，他創造出各種的逃避方式，像是參加派對、閱讀、看電視與聊天，他成了管理痛苦的專家。除非這根本的問題解決了，否則我們生活與經驗生命的方式不會有很大的轉變。這就是為什麼縱使有法國革命、美國革命、俄國革命與其他許多的革命，這世界並沒有更加的和平喜悅；因為人類的內、外在都是分裂的。如果分裂感消失了，世界上所有的宗教問題、社會問題、經濟問題與政治問題都會化解。

合一基本上要從自己內在開始，透過內在整合的過程發生。人類的內在是分裂的，他對自己很陌生。從一開始我們就不愛自己，更不用說愛別人了。我們不斷被好與壞、對與錯、完美與不完美、應該與不應該所分裂著。當我們在基本的層次上達成合一，衝突就消失了。在這之後就有內在的寧靜，即使有外在因素也不會被影響。這寧靜並不是相對於噪音，這是內在的合一。這個合一會擴展到全世界、擴展到大自然，最終與神合一。

就你而言，你有空間與時間的限制，你覺得自己受限於身體，與別人是分離的。要知道這到底是什麼，你必須透過經驗，然後你就會瞭解，你會以完全不同的方式經驗真實。你真的可以感覺到動物，可以感受到螞蟻在想什麼，這一切都是可能的。然而由於你不習慣，你就認為這是不可能的。你認為自己是分離的，但沒有人與別人是分離的，你們都是一體的。我們最終的目標就是幫助你達到那樣的意識狀態。

當在合一的道路上前進時，我們會經歷哪些階段？

合一有很多層次，首先是自己內在的合一。現在的你並非一個個人，在內在你是分裂的，你內在有一堆群眾：你是某人的兒子或女兒、某人的父親、丈夫或朋友、某人的雇主或員工。有如此之多的身分在你內在，他們一直在對話。除此之外，意識自我與無意識自我，真實自我與虛假自我，也都一直在對話。你就是那個對話。當對話停止時，你內在成為一體。單一意指合一，分裂消失了。當你在合一的道路上前進時，首先你會發現內在的合一。

在下一個階段，你經驗到與全人類的合一，你發現到與家人和朋友的合一。而在第三個階段，你發現自己與大地、樹木、水、天空合而為一。首先你會發現與動物世界的合一。接下來，你會發現與植物世界的合一。之後，你前進到其他的物理世界領域，像是物質。你會明白你與物質實際上是合一的。你會發現你與一塊岩石其實沒有什麼不同，你們是合一且相同的。當你與大自然合一，會發現你與宇宙是一體的。

當你繼續前進時，最終發現你與神合一，你瞭解你就是神。我會一步步帶你到達最終的合一。

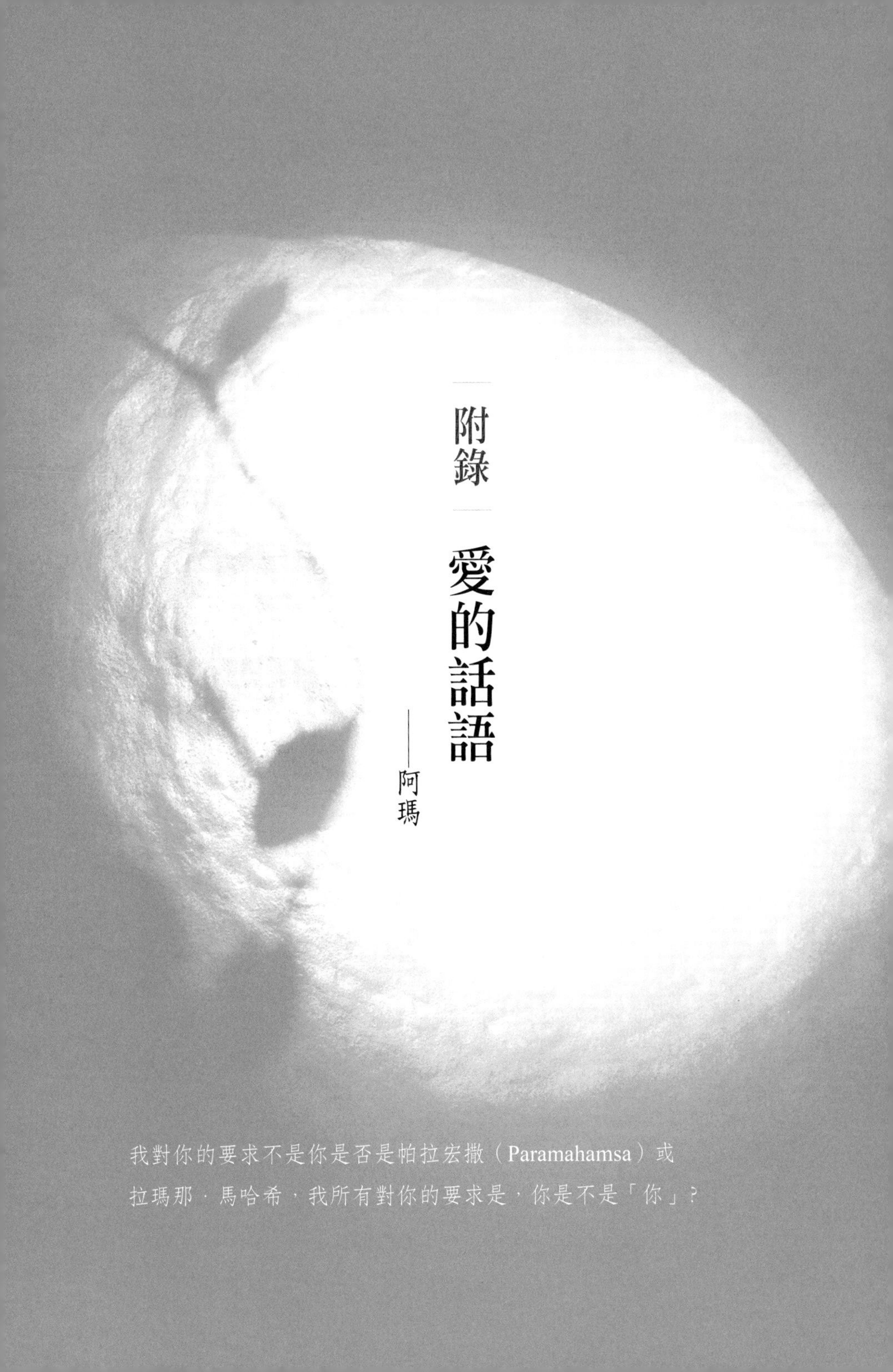

附錄

愛的話語

——阿瑪

我對你的要求不是你是否是帕拉宏撒（Paramahamsa）或拉瑪那．馬哈希，我所有對你的要求是，你是不是「你」？

阿瑪在一九五四年誕生於安得拉邦本內爾河所圍繞著的美麗河島。她很小的時候，她的父母就知道他們的女兒是一個不尋常的孩子。年幼的阿瑪，很早熟的就會關懷別人的需求，將服務人群視為最大的喜悅。在她成長的過程中，阿瑪經常聆聽一些家庭陷入危機的故事，並以物質和精神幫助他們。

當巴觀二十八歲時，朋友介紹阿瑪給他。巴觀與阿瑪初次相遇時，他們立即就認出了對方，知道他們注定要在一起，共同努力。兩人在一九七六年結婚。在神聖的結合之後，隔年生下了他們唯一的孩子。

在泰米爾納德邦的尼門，定期舉辦阿瑪的達顯。在達顯中，阿瑪對聚集的群眾傾灑她的祝福，回應他們的請求，祝福他們的願望。達顯在參與者的生命裡引發了深刻的轉化。

◆愛存在許多的面向，在不同時刻、以不同的方式展現。在親子關係中，愛以情感展現，允許孩子的恐懼、情結、沒安全感與挫折影響你，並以智慧給予孩子幫助；在夫妻關係中，愛是熱情與敬重，如朋友般共同渡過艱難的環境；對家庭而言，愛是付出與給予，敏銳的覺察別人的需要；在工作中，愛展現為承諾與追求卓越的熱情；對朋友而言，愛是在困難的時刻給予正確忠告，在安逸的時刻一同嬉戲；對國家而言，愛是透過整合創造財富；在生命中，愛以勇氣與接納來臨，瓦解恐懼的圍牆，允許每個經驗流過你，如同河水流過沙地。只有當你滋養愛的各種形式時，生命才是完整的。所有對你的控訴，都是來自天堂的訊息，提醒你攀上更高層次的愛。

◆你真的有可能獨立而且完全靠自己生活嗎？這是不可能的，因為你的存在仰賴於你身邊的人，你的生存與喜悅仰賴於他們。如果你沒有任何愛你的人或你愛的人，那麼工作、成功或美麗還有什麼可鼓舞人的呢？是我們身邊的人給予了我們的存在意義。當人們存在時，一切事物才充滿著生氣，無論是在寺廟、房舍或機構中。這是為什麼唯物主義者喜歡與他們的朋友、親戚在一起；求道者嚮往追隨開悟的師父，並與道友同修，最終神也著迷於皈依門徒的陪伴。

◆如果你希望別人只屬於你，不能與其他人說話或連結，強迫別人愛你，這就不是純粹的愛。如果你愛某人，是因為你在他的內在發現了你無法在自己內在發現的特質，這也不是愛。如果你的心綻放了，無論別人是誰，無論別人是什麼類型的人，你都會持續愛，這就是真正的愛。唯有當你擁有了這種經驗之後，才有可能。

◆你並沒有與家人、朋友分享你的情感與成就，這就是為什麼你今日孤獨的站著，沒有人與你分享你的快樂。為了經驗喜悅與滿足，你必須在家人與朋友心中取得一個位子。如果生命不是關係的話，會是什麼呢？

◆事實是你不愛人們，不是人們不愛你。除非你感覺到自己是成功的，否則不管有多少的愛澆灌在你身上，你仍然感覺不被愛。唯有當你非常努力時，你才會感覺值得你被給予的愛。停止對愛的渴望，專注在你的學業上。

◆在這裡我們不談超然，我們談愛。你所謂的超然，根本上是對你父母的價值觀、行為與生活形態的厭惡與無法忍受。距離真的會使你們分離嗎？沒有人可以在內在斷絕與父母的關係，也許你在生活上並不依賴他們，他們也不依賴你過活，然而你們繼續影響著彼此。無論你的年紀多大，無論他們活著或過世了，你與父母的關係都持續存在著。

◆頭腦的本質就是對別人挑毛病、批判、指責，以及從預設的觀點對別人貼標籤。如果觀點是負面的，頭腦就會持續的評論：「他很壞、她很嘮叨、他不瞭解我、她太愛猜疑、他們不愛我、我在家庭中沒有得到尊重、每個人都利用我等等。」每件事物都被渲染了，所以你持續指責別人，因而產生反感。反感逐漸變成憎恨，憎恨破壞了關係。因為這種破裂的關係，儘管別人是好的，我們都無法「看見」真實。

◆頭腦因恐懼而產生邏輯，心散發真實。恐懼在家庭與社會中體現為憎恨、嫉妒、憤怒與暴力。壓力不是來自於體力勞動，而是來自於負面的方式。唯有當我們愛別人時，我們才可以看見真實。邏輯摧毀了愛，在你批判之後，愛是不可能的，因此我們受苦。

◆除非我們學會了「看見自己內在」的藝術，否則無法看見真實與發現愛。當我們可以愛時，才能寬恕與尋求寬恕。我們必須發展出極大的耐心，在關係中維持愛與和平。

◆誰沒有在假裝？每個人都必須假裝。誠實是個理想，只有在特殊情況下才可能。譬如，你對某人感到憤怒，你很想用粗言穢語辱罵他，你能這麼做嗎？情況並不是都允許。有時你大叫，甚至有時有傷痛，你卻必須克制它，表現得和善。你無法隨時都表達自己，說出你心中的話。這是為什麼假裝沒有什麼錯，只要知道你在假裝。

◆你生了一個孩子，但並不決定他的命運。身為母親，你的責任是以愛養育孩子，但這並不表示你有權利決定孩子的感覺與情緒。你無法知道他的思想、志向或他的未來，你的焦慮是沒有意義的。履行外在的責任，並在內在保持被動，事情就會以它應該的方式發生。

◆沉思片刻，你已經將一個靈魂帶到地球上。你如何能夠對你帶來的生命感到後悔？這是個神聖的責任，彷彿他是神聖的繼承般的愛你的孩子。養育這生命就是你的靈性修行，它會幫助你在靈性上成長，促使你覺醒。

◆世界上的女性必須從小就接受良好的教育，在學生時期就必須瞭解受孕、懷孕、分娩與養育孩子的知識，學習這一切對她們而言是很重要的。為此，她們的心也必須綻放，她們必須透過個人經驗學習很多。如果她們學習這點，就會貢獻卓越的人類給世界，而可能創造出新的社會形式。這就是女性準備她們的角色的方式。

◆沒有人不曾犯錯，但是請瞭解，在表面上接納自己的錯誤，卻在內心將它合理化與辯解是沒有用的。全然的接納中存在智慧，這樣的人將不會再重蹈覆轍。

◆馬鈴薯是馬鈴薯，甘藍菜是甘藍菜，一個人如何能夠像其他人？你們每個人在宇宙中都是獨一無二的，你為什麼要去比較與競爭？在努力成為別人時，你現在所擁有的甚至都會喪失。在適當的時刻，你的衝動就會自然的離開你。直到那時，做你自己。對我而言，你所是的樣貌是美麗的。

◆你在追尋什麼？一個完美的組織？只要有人類，就注定有政治與流言蜚語。你對於完美社會的追求反映了你的無知。你所遇到的情況反映了你，看進內在，你就會發現你與那些你所厭惡的人並沒有什麼不同。

◆每個人在心中都感到孤獨，這對其他人的需要，是大自然為了繁殖而灌輸的。在更深的層面，慾望顯現為孤獨。當然你可以用意志力暫時壓抑它，或頂多處理你的孤獨。唯有當你覺醒時，你才可以超越孤獨，因為那時你就可以感覺到與每一人事物的連結。

◆全人類是一個存在，全人類實際上是一個人，你不應該認為「發生在我內在的與發生在別人內在的是不同的、是獨特的。」或「我的思想與其他人的思想是不同的。」流經我們的是人類的痛苦；你需要擁有一個內在的靈性體驗，以全然瞭解與感覺這個痛苦，這時愛的狀態就會根植於你。你僅能透過經驗瞭解這個，沒有其他的方式。因此，發生在你內在的與發生在別人內在的並沒有什麼不同，萬物是一體的。唯有當你擁有這種經驗時，慈悲才有可能發生。

◆你感到沒安全感是因為你在比較，不斷期待、檢驗你所得到的愛與賞識。將昨天的愛與今天的愛做比較，在你與別人之間做比較，這就是問題的根源。當你從本身也沒安全感的人身上尋求安全感時，你如何得到安全感？唯有當你轉向神時，才可能有安全感，否則都是緣木求魚。

◆神的恩典自然流向那些關係改善了的人，尤其是與父母的關係改善了的人。

◆最高的狀態是服侍的狀態，服侍的精神存在於每個洞見、瞭解、奧祕體驗與解脫中。正是這股精神促使你與這世界分享所給予你的。

◆不要認為自己是個平凡的存在，你們每個人內在都有著無限的神聖力量，你能夠在每個人心中看見神。當你開始在每個人內在看見神時，你就能夠愛每個生命、每個人。透過你，神的力量就會流進這個世界。

阿瑪身邊的小故事

在許多年前的一個冬天，當一群孩子坐在吉梵希然校園中一塊巨大的岩石上看著夕陽餘暉時，阿瑪對他們說了一個教導。

阿瑪告訴他們：

「這世界上有三種人：第一種人甚至傷害愛他們的人，第二種人只愛愛他們的人，第三種人甚至愛傷害他們的人。

第一種人有眼睛，但看不見。他們有一顆持續跳動的心，但依舊無法感覺。對所有給予他們的愛和關懷視而不見。他們飲下灑落於身的愛，卻還是傷害、忽視和忽略愛他們的人。對他們而言，關係是拿來利用的。他們沒有感恩。他們是大地之母的瘟疫和疾病，不要成為他們的一份子。

孩子們！第二種人只關心愛他們的人。他們的愛是自私，非常有限的。他們的愛只能維持和別人愛他們一樣長的時間。他們利用人，也願意被人所利用，只要這對他們而言是方便的。但他們會逐漸對持續得到的愛與關心變得不敏感。這些是一般的人，他們只是生存著，永遠不知道生命的喜悅。我希望你去覺察自己，看看你是不是其中的一份子。

第一種人和第二種人在地球上占了絕大多數，因此你到處都可以看到傷痛與痛苦。

第三種人是一個祝福，正是這些人使這無情的世界保持平衡。你可以在任何地方發現他們，他們活在社會各個階層中，可能是謙遜、純真、有勢力、偉大、富有或貧窮的。你甚至可以在自己的家中發現他們。他們視生命為一個學習的機會，因此當有人傷害他們時，他們視那些人是來教導他們的神之使者。

傷害你的人，不正是教導你慈悲與寬恕這深刻的靈性課題的老師嗎？生命最終是一個認識自己的探索。那些傷害你的人，讓你看見了你內在最深的憤怒、挫折和怨恨的情緒，唯有如此才可以使潛伏在你內在的情緒浮現。因此，不要認定自己是對、而對方是錯的。謙遜的看見你的真相，並感謝那些傷害你的人帶走了你的惡業債務、淨化了你。第三種人是最高貴的造化，因為他們以愛回報傷害他們的人。」

阿瑪的這個教導，一直伴隨著那天聆聽到她的話語的每個孩子，指引和塑造了孩子的生命。

Spiritual Life 09

愛，從接納自己開始：

發現愛，深入關係，到與萬物合一的旅程

Love is to accept yourself

作者／巴觀（Sri Bhagavan）
編譯／傅國倫
封面設計／斐類設計工作室
內頁排版／李秀菊
特約編輯／簡淑媛
校對／簡淑媛、黃妉俐

新星球出版 New Planet Books
業務發行／王綬晨、邱紹溢
行銷企劃／陳詩婷
總編輯／蘇拾平
發行人／蘇拾平
出版／新星球出版
105台北市松山區復興北路333號11樓之4
電話／（02）27182001
傳真／（02）27181258
發行／大雁出版基地
105台北市松山區復興北路333號11樓之4
24小時傳真服務／（02）27181258
讀者服務信箱／ Email:andbooks@andbooks.com.tw
劃撥帳號／19983379
戶名／大雁文化事業股份有限公司

國家圖書館出版品預行編目(CIP)資料

愛，從接納自己開始：發現愛，深入關係，到與萬物合一的旅程／巴觀著；傅國倫編譯. -- 初版. -- 臺北市：新星球出版：大雁文化發行, 2014.08
面； 公分. -- (Spiritual life ; 9)
譯自：Love is to accept yourself
ISBN 978-986-90681-2-3（平裝）
1. 靈修 2. 人生哲學
192.1 103013174

初版一刷／2014年8月 定價：新台幣320元
初版十八刷／2021年9月
ISBN：978-986-90681-2-3